La vie est une scène de théâtre chacun vient jouer sa partition puis s'en va!

Shakespeare

Dr. Samson N'Taadjèl KAGMATCHÉ (Ph.D)

Ennemis et adversaires dans la Bible: Ruses et tactiques

édition corrigée

Montréal, Canada

Du même auteur:

❖ *Étude comparative entre les Lamassu et les chérubins bibliques,* © L'Harmattan, Paris, 2011.

❖ **The Lamassu and the Cherubim: Two Hybrid genii.** *How did the Cherubim become Angels?* © Guérin Scholar's Press, Montreal, 2017.

❖ **The God of Mount Carmel.** *The contending views associated to the Biblical Mount Carmel,* © Guérin Scholar's Press, Montreal, 2017.

❖ *Chérubins bibliques et l'Art de la Renaissance,* © Guérin Scholar's Press, Montréal, 2018.

À paraître:

❖ **Origine de la représentation des chérubins bibliques**, *in Hokhma*: Revue de Réflexion théologique, 2018.

❖ Heb. אָהֵב / Akk. *Rāmum, "To Love": in the Hebrew Bible and in the Ancient Near East Literature*

© **Guérin Scholar's Press**, 2018
435 rue St-Roch, CP: H3N 1K2; #4 Montréal, Canada
www.guerinscholarspress.com
info@guerinscholarspress.com
ISBN: 978-0-9958987-7-6

SOMMAIRE

Introduction

Dans le monde chrétien et surtout avec les mouvements de réveil, on entend souvent des prédications et des enseignements sur : l'ennemi, l'adversaire, le diable, les démons etc... La plupart du temps, on a l'impression que ces esprits et le diable prennent plus d'importance sur Jésus et son pouvoir. Sans pour autant nier les actes du diable et de ces esprits, nous faisons simplement un constat parce que plus d'importance est apporté à Satan qu'à Jésus. Comme en témoigne l'abondante littérature sur la démonologie dans milieu Chrétien.

Quant à nous, nous avons plutôt choisi un angle tout à fait différent. On se veut être plus réaliste, pragmatique, et aborder des faits concrets dans la Bible. Pour ce faire, nous avons choisi d'étudier des personnages bibliques qui s'étant véritablement comportés en ennemis ou adversaires. Le titre de ce livre : les ennemis et adversaires dans la Bible : Ruses et tactiques découle de notre volonté de décortiquer les comportements et les actions de ces opposants. Parmi eux nous pouvons citer : Jannès et Jambrès, (Ex. 7 :11, 22 et 2 Tim. 3 :8), deux magiciens de la cour de pharaon qui s'opposèrent à Moïse et à Aaron dans le cadre la libération des Hébreux de l'esclavage en Egypte.

Dans la restauration des murailles de Jérusalem, Néhémie sera confrontés à de nombreux ennemis comme Tobija, Sanballat, Guéschem, l'arabe (Néh. 2 :10, 19), les soldats de Samarie, les Ammonites, les Asdodiens (Néh. 4 :1-3, 7).

À travers le Nouveau Testament (N.T), il y eut des opposants et adversaires notamment ceux de Paul dans l'épître aux Galates. Qui étaient-ils? D'où venaient-ils? Quels sont des actes que ces opposants posèrent contre l'apôtre Paul dans cette épître? Toujours dans le N.T, nous analyserons les attitudes et comportements des personnages comme Alexandre le forgeron (1Tim. 4 :14). Ce forgeron a agi contre l'apôtre Paul à tel point que ce dernier s'exprime avec une certaine amertume: *Alexandre, le forgeron, il m'a fait beaucoup de mal...* Et, enfin, nous terminerons notre étude sur Diotrèphe, l'un des responsables des Églises Johanniques, (3 Jn. 9-15). Ce leader chrétien très fier et insolent qui a eu une attitude inhospitalière à l'égard de Jean et ses émissaires. Un archétype d'un pasteur autoritaire et au comportement monarchique.

Tous ces personnages qui ont bel et bien existé. Ils sont cités dans la Bible. Ils feront l'objet de notre étude dans cet article. Certains se sont comportés comme des ennemis et d'autres comme des adversaires. Nous étudierons les particularités de ces différents personnages pour aboutir à une conclusion propre à chaque cas. Cet article invite à l'introspection, ne portons nous pas certains germes similaires? Ne sommes-nous pas parfois des opposants? C'est pour qu'on ne voit pas ces personnages comme étant d'une époque très lointaine, mais qu'on pourrait être l'un d'eux. Bref, se regarder soi-même à travers ce livre et la Bible. D'autre part, à la lumière de ces analyses et conclusions, nous pourrions mieux cerner ou discerner notre environnement social, des gens qui nous entourent ou que nous côtoyons souvent. Avec ou sans raisons, certains se comportent en ennemis, d'autres en adversaires.

On pourrait dire que de nos jours, nous avons encore des Jambrès et des Jannès, des Tobija et Sanballat, des Alexandre le forgeron et des Diotrèphe dans nos communautés chrétiennes ou profanes. Ce livre vise clairement à faire la lumière sur ces personnes citées décrites par la Bible comme étant des ennemis ou adversaires de la vérité, de la liberté, du succès, et de la prospérité des autres.

I. Jambrès et Jannès: les magiciens de pharaon

Jambrès et Jannès sont les deux magiciens ou sorciers de la cour de pharaon qui s'opposèrent à Moise et à Aaron qui avait pour mission d'exiger de pharaon la libération des Hébreux. Leurs noms ne sont pas mentionnés dans le livre de l'Exode. Seul l'apôtre Paul les nomme dans la deuxième épitre à Timothée (2Tim. 3 :8): *„De la manière que Jambrès et Jannès s'opposèrent à **Moïse** de même ces hommes s'opposent à la vérité...»* Grâce à l'apôtre Paul, nous connaissons le nom de ces deux magiciens. Cela démontre que Paul était un érudit qui menait des recherches approfondies. Quelles sont les sources que Paul aurait pu consulter?

11

Les noms de Jambrès et Jannès ne sont cités que dans les textes extra-bibliques tels que Targum du Pseudo-Jonathan, qui dit que ces deux magiciens interprétèrent le rêve de pharaon et prédirent la naissance du bébé Moïse qui détruira le pays d'Égypte.[1] Chez certains auteurs païens, Pline l'Ancien[2] cite Moïse, Jannès et un certain Jotape ou Rotape. Certainement que Jambrès est ce Jotape ou Rotape. Quant à Apulée, il mentionne Moïse et Jannès comme étant de grands magiciens.[3] Eusèbe de Césarée[4] cite un nommé Numenius d'Apamée (2e siècle ap. J.C) selon lequel Jambrès et Jannès furent les

---

1   Tg. Ps-J. ; Pal. Tg. Law XIII. Shemoth ; PIETERSMA, 1992, p. 638.
2   PLINE L'Ancien, Hist. Nat. 31,11.
3   APULÉE, *Apologie,* 2. 90.
4   EUSÈBE de Césarée, Prép. Evang. 9.8

plus puissants égyptiens qui réussirent à éradiquer les plaies que Moïse envoya sur l'Égypte.[5] Un papyrus grec[6] datant probablement du 1er siècle fait écho d'eux avec pour titre Apocryphe de Jannès et Jambrès les magiciens.

Quels étaient les objectifs poursuivis par Jambrès et Jannès en opérant des miracles devant pharaon et Moïse et Aaron? Une façon de réduire les influences de Moïse et Aaron devant pharaon (Ex. 7 :11 ; 22). Les miracles de Jambrès et de Jannès n'avaient pour but que de classer Moïse comme l'un de leur race (de magicien) et non un envoyé de Dieu pour libérer son peuple.

Il y a de nos jours des Jambrès et des Jannès. Certainement, il vous est arrivé dans une situation de demander de l'aide à une personne. Un exercice qui n'est pas toujours facile parce que vous exposez votre dignité. Vous êtes sincères, car votre problème est bien réel. Ce dernier à qui vous faites la demande compatit mais, décide de consulter une tierce personne. Malheureusement ce dernier va influencer la décision à votre détriment. Il vient de jouer le rôle de Jambrès et de Jannès. Il a influencé les choses à votre défaveur. Il arrive parfois que des pasteurs, des diacres ou des chrétiens influents deviennent des Jambrès et des Jannès pour empêcher des bénédictions de tomber sur certaines personnes de leur communauté. Les bénédictions qui auraient pu libérer ces frères et sœurs de leur misère ou de leur situation socio-économique.

---

5   PIETERSMA, 1992, p. 638.
6   Texte édité par PIETERSMA, Albert, E. J. Brill, 1994.

Bibliographie

APULÉE, L., *Apologie*, 2. 90.

EUSÈBE de Césarée, *Préparation Evangélique*, 9.8

MARAVAL, P., 1977. Fragrements grecs du livre de Jannès et Jambrès, Pap. Vindob, (Papyrus de Vienne): 29456 et 29828 (verso). *Zeitschrift für Papyrologie und Epigraphik*, 25, pp. 199-207.

PIETERSMA, A., 1992. Jannes and Jambres in *The Anchor Bible Dictionary, Vol. 3, H-J*, edited by David Noel Freedman, Doubleday, 1st edition, New-York, p. 638.

PIETERSMA, A., The Apocryphon of Jannes and Jambres the Magicians, (Greek Papyrus) *Chester Beatty, XVI*, (3rd/4th), E. J. Brill, 1994.

PLINE L'Ancien, *Histoire Naturelle*, 31,11.

Pal. Tg. = *The Palestinian Targum on the Book of Shemoth of Exodus*, Law XIII. Shemoth-I.

Tg. Ps-J. = Targum Pseudo-Jonathan

13

II. Néhémie:
Le restaurateur face aux ennemis teigneux

Introduction

Le livre de Néhémie porte son nom. Il fut un homme poli-tique, le gouverneur de la Judée (Néh. 5 :14; 8 :9) pendant 12 ans au temps du roi perse Artaxerxès I (465-624 av. J. C). Pour l'amour de sa patrie (Juda), il entreprit avec héroïsme la restau-ration de la vie sociale et politico-économique de Jérusalem. Néhémie posa des actions concrètes : * Prend appui sur Dieu par des jeûnes et prières. * Il demanda la permission au roi Artaxerxès pour aller en Judée afin de rebâtir la ville de Jérusa-lem en ruine avec des portes ébréchées.* Une fois à Jérusalem, Néhémie fit une inspection totale de la ville, (Néh. 2 :13-15).

* Néhémie raconte à ses frères les 3 motifs de sa venue:

1-"Venez, rebâtissons la muraille de Jérusalem, et nous ne serons plus dans l'opprobre. " (Néh. 2 :17b).

2- "Sa mission était une mission dirigée par Dieu:

Et, je leur racontai comment la bonne main de Dieu avait été sur moi," (Néh. 2 :18a et cf. v.8c).

3- Les paroles du roi et son secours mis à disposition de Néhémie sont ordonnés par Dieu, (Néh. 2 :8 a-b). Ce fut comme pour le cas d'Esdras, treize (13) ans avant Néhémie.

14

Le roi Artaxerxès avait mis à la disposition d'Esdras le restaurateur de la vie religieuse et le rebâtisseur de l'autel et du Temple, tous les moyens nécessaires (Esd. 7 :12-27).

* Il mobilisa ses frères et leur montra la nécessité de rebâtir la ville Jérusalem avec ses murailles en ruine pour ne plus être au comble du malheur et de la désolation. La vie de ses frères et sœurs à Jérusalem laissait à désirer. Avec de nombreuses brèches dans les remparts et des portes brulées, la ville de Jérusalem n'offrait plus une protection suffisante.

Alors que la résolution de restaurer la ville venait à peine d'être prise, (Néh. 2 :18) que surgirent deux ennemis Tobija et Sanballat, (Néh. 2 :19). Qui étaient donc c'est deux personnages? Tobija, est un descendant Ammonite, (Deut. 23 :3-5) et beau-père de Schecania, fils d'Arach. Malgré sa farouche opposition, à la fin des travaux, Tobija réussit à obtenir l'une des chambres du temple que le prêtre Éliashib mit à disposition. Mais Néhémie le déposséda de cette chambre et mit ses effets dehors, (Néh. 13 :4, 8). Quel scandale de voir que celui qui fut l'un des principaux ennemis au projet de la restauration de la ville de Jérusalem puisse obtenir à la fin des travaux de la rénovation une chambre pour établir sa résidence! Certains hauts cadres s'étaient liés par lui par serment, (Néh. 6 :17-18). Par ce serment, il avait un pouvoir de contrôle sur eux.

Sanballat est un Horonite est un officiel de l'empire perse Achéménide. Sa fonction n'est pas précisée. Il est possible qu'il fût un gouverneur de Samarie. On ignore de quelle province il est originaire. Il est toutefois qualifié d'horonite ce qui pourrait signifier qu'il vient de la ville de Beth-Horon, (nord de Jérusalem), ou bien d'horonaïm, l'un des territoires de Moab, (Es. 15 :5; Jér. 48 :3-5; 48 :34). Si cette dernière information s'avère vraie, ce qui ferait dans ce cas de Sanballat un Moabite. Cependant, d'après Josèphe Flavius, l'historien juif, un certain Sanballat était un satrape nommé à Samarie par Darius III (336 av. J.C au 330 av. J.C).[7] Les agissements de Sanballat dans le livre de Néhémie montrent qu'il était une autorité dans l'empire perse, (Néh. 6 :2). Il fut également gendre du fils du souverain sacrificateur (grand-prêtre) Jojada (Néh. 13 :28) que Néhémie chassa.

Pendant les 52 jours que durèrent des travaux de la restauration (Néh. 6 :15), de nombreux ennemis vont se succéder : outre Tobija et Sanballat, qui furent les véritables meneurs avec Guéschem l'arabe, il y aura également des soldats de Samarie, des Asdodiens, (1Sam. 5 :3, 6; Néh. 4 :7; 13 :28), les Ammonites, les Horonites, et les arabes. Face à la ténacité et l'intégrité de Néhémie, chacun des trois (3) premiers opposants dut faire appel (chacun) à son peuple de se joindre à la coalition des ennemis des juifs. Tous les moyens seront utilisés (moquerie, mépris, intimidation, fausses accusations, ruse, traquenard, corruption, faux prophètes ...), notamment par Tobija et Sanballat afin d'empêcher Néhémie de mener à bien son projet de restauration. Il y a eu des ennemis externes et les ennemis internes combattants avec des armes diverses (la moquerie, le mépris, l'intimidation, les fausses accusations, la

---

7 Antiquités Juives, IX, 302, (7.2).

ruse, le traquenard, la corruption, les faux prophètes...). Nous aborderons chacune de ces armes utilisées par l'ennemi dans le chapitre consacré à Néhémie face aux ennemis teigneux. Nous nous attarderons sur les chapitres qui concentrent les actes et les agissements des ennemis dans ce livre de Néhémie à savoir les six (6) premiers chapitres. Nous aborderons le chapitre 12 dans le cadre de la dédicace de la muraille qui marqua la fin du projet entrepris par Néhémie à son arrivée à Jérusalem.

II.1. Contexte socio-politico-religieux   17

Le retour de Néhémie en Judée s'inscrivait déjà dans la politique de l'édit de Cyrus, roi perse datant de 538 av. J.C. Cet édit ordonnait la libération et le retour des captifs juifs à Jérusalem et en Judée, pays de leurs ancêtres, (Esd. 1 :1-11 ; 2Ch. 36 :20-23). Dieu avait prédit par son prophète Jérémie que l'exil devrait durer soixante-dix ans (70), (Jér. 25 : 11-13 ; 29 :10-14; Esd. 1 :1-11). Les soixante-dix ans se sont accomplis en 537 av. J. C quand le 1er groupe de juifs dirigé par Zorobabel foula les pieds à Jérusalem. En effet, suite à cet édit de Cyrus, il va y avoir trois (3) retours successifs des exilés à Jérusalem et en Judée.

II.1.a. Chronologie des rois Perses

Cyrus	550-529 av. J.C
Cambyse	529-522 ⇩
Darius I	522-486 ⇩
Xerxès I	486-464 ⇩
Artaxerxès I	464-424 ⇩
Xerxès II	423 ⇩
Darius II	423-404 ⇩
Artaxerxès II	404-358 ⇩
Artaxerxès III	359-338 ⇩
Arsès	338-336 ⇩
Darius III	336-331 ⇩

II.1.b. Retour du 1er groupe d'exilés conduit par Zorobabel

Ce groupe fut conduit par Zorobabel comme leur chef politique, il était accompagné par Josué chef religieux et quelques sacrificateurs, lévites, et chantres (Esd. 2 :2-70 ; Néh. 7 :6-7). En 537 av. J.C arriva à Jérusalem et dans les villes de Juda un contingent de <u>plus</u> de 42.360 personnes (hommes, femmes et enfants) cf. (Néh. 7 :66-67). La mission de Zorobabel était de rebâtir l'autel à son emplacement, (Esd. 3 :1-3); les fondements du temple posés, (Esd. 3 :8-13). Pour mieux comprendre cette période de la construction du temple dit le temple de Zoro-babel (Esd. 3 :8-5 :1-2), il faut compléter les lectures des livres des prophètes Aggée et Zacharie, (prophètes de cette période post-exilique). Malgré que les fondements du temple furent posés, il y a eurent des obstacles, des opposants et adversaires hostiles qui ont provoqué un retard de dix-sept (17) ans. Ces prophètes levèrent leur voix pour inciter le peuple à poursuivre les travaux de la reconstruction du temple. Il a fallu que le roi Darius promulgue un décret (520 av. J. C) autorisant l'achèvement des travaux du temple, (Esd. 6 :1-15). Les travaux de la reconstruction prirent fin en 515 av. J.C.

II.1.c. Le 2e groupe d'exilés conduit par Esdras

Le scribe Esdras arriva à Jérusalem à septième (7) année du roi d'Artaxerxès (Esd. 7:8) c'est-à-dire en 458 av. J. C avec le deuxième groupe d'exilés. Esdras était un homme de foi. Il avait honte de demander l'aide du roi pour se faire escorter par une force militaire et par la cavalerie (Esd. 8 :22-23). La mission d'Esdras était d'enseigner la loi de Moïse et la parole de Dieu. Conduire la purification du peuple et à l'adoration du Dieu de leurs ancêtres, (Néh. 8 :1-8 ; Esd. 7 :10). Esdras était le professeur et l'expert que Dieu a pourvu à son peuple en cette période pour enseigner la loi de Moise et les ordonnances. Il était le restaurateur de la vie religieuse d'Israël.

19

II.1.d. Le 3e groupe d'exilés conduit par Néhémie

Cependant, il faut noter qu'Esdras le restaurateur de la vie religieuse des enfants d'Israël avait précédé treize (13) ans plutôt Néhémie à Jérusalem (Esd. 7 :6-10). Donc, Néhémie arriva à Jérusalem en 445 av. J.C à la vingtième (20) année du roi d'Artaxerxès (Néh.2 :1). Malgré que le temple soit rebâti et la vie religieuse reprise, les réchappés étaient dans l'opprobre et dans la misère. La ville de Jérusalem était sans défense avec ses portes consumées par le feu et des murs ébréchés partout. La mission de Néhémie était la restauration de la vie sociale et politique des enfants d'Israël du retour d'exil.

Quand on regarde cette période post-exilique du retour des exilés, il y a une complémentarité des compétences et des qualifications des acteurs. Zorobabel était le chef politique, gouverneur avec son associé Josué, le grand prêtre, (le chef religieux). Ces deux étaient chefs du contingent du 1er groupe. Ils construiront l'autel et poseront les fondations du nouveau temple. Ce temple appelé le temple de Zorobabel. Esdras, chef religieux et professeur de la loi de Moïse et des ordonnances qui va conduire le 2e groupe sera chargé d'enseigner la Loi de Dieu en Israël en cette période post-exilique. Néhémie homme politique, gouverneur de Juda, aura pour mission de mobiliser le peuple à reconstruire les murailles de Jérusalem et restaurer la vie socio-politique. Les prophètes Aggée et Zacharie quant eux auront pour mission de réveiller la conscience du peuple et de l'encourager de reprendre les travaux de reconstruction du temple. Une complémentarité des personnes, leurs qualifications et compétences pour une cause unique. Cette cause était nationale. Avec le patriotisme et la complémentarité des compétences, il ne reste qu'à accomplir l'objectif de la restauration de la vie socio-politico-religieuse d'Israël. Il y avait une synergie pour aboutir à ce but. Quelle leçon pour nous aujourd'hui et qui était Néhémie ?

II.2. Qui était Néhémie ?

* ❖ Un restaurateur politique et socio-économique de la Judée au temps du règne du roi perse Artaxerxès. Durant 12 ans, il fut gouverneur de la Judée, (Néh.5 :14 ; 8 :9).
* ❖ Homme de prières et de jeûnes, (Néh.1 :4-11; 4 :4-6, 9; 5 :19 ; 6 :14).
* ❖ Homme d'action
* ❖ Homme qui montre son patriotisme absolu
* ❖ Homme intègre et courageux, (Néh. 5 :14-15 ; 6 :9; 11).

21

Le livre de Néhémie porte son nom. Son nom נְחֶמְיָה qui signifie "Yhwh a consolé." Son nom raisonne dans un contexte où les juifs réchappés, (ses frères) de Jérusalem des déportations vivent dans une situation humiliante et au comble du malheur ; quant à ville de Jérusalem, elle est en ruine et les portes sont consumées par le feu (Néh. 1 :2-3).

* **Néhémie**, un homme qui se sentait concerné par le malheur de ses frères de Juda:

* Il s'informe: "…Je les questionnai au sujet des juifs réchappés…" (Néh. 1 :2). Il n'était pas un simple curieux.

Et pour preuve, après avoir entendu la description que fit son frère Hanani et autres hommes sur la situation des rescapés et l'état de la ville de Jérusalem, Néhémie posa des actes montrant qu'il était:

* Concerné par la cause nationale, par la souffrance de ses frères, (le patriotisme): «Lorsque j'entendis ces choses, ...» (Néh. 1 :4); «Je m'assis.» Cela prouve que Néhémie était debout en interrogeant son frère Hanani et quelques homme venus de Juda. Il était pressé d'avoir des nouvelles de ses compatriotes et sur sa patrie. Et, après avoir entendu leur rapport, il s'assied. Cela prouve que Néhémie venait d'être écrasé par les mots qui décrivent la situation de ses frères. Le malheur et la désolation dans lesquels vivaient ses frères et sœurs de Jérusalem ont pesé lourd sur lui au point que ses jambes ne pouvaient plus supporter tout son corps.

-«Je fus plusieurs jours dans la désolation...», (Néh. 1 :4)
-«Je jeûnai..», (Néh. 1 :4).
«Je priai devant le Dieu des cieux...» (Néh. 1 :4). A la fin de cette prière on remarque qu'il ne veut pas rester dans l'inaction. On sent que c'est un homme qui entend entreprendre une activité en faveur de ses frères en Judée. Il se montre soucieux de la souffrance des autres (ses compatriotes). Au-dolà de son amour pour ses frères et son sens de patriotisme quel était son projet?

II.3. Le projet de Néhémie

Un homme de prières et de jeûnes. Avant de se présenter devant le roi Artaxerxès, Néhémie passa un temps de prières et de jeûnes, (« je fis plusieurs jours dans la désolation. Je jeûnai et priai devant le Dieu des cieux... », (Néh. 1 :4). C'est un homme qui a eu toujours recours aux jeûnes et prières. Il demande toujours le secours de Dieu dans ses projets. Bref on peut conclure que Néhémie soumettait ses projets à Dieu. La fin de sa prière le démontre clairement, (Néh. 1 :11), il demande de trouver grâce devant le roi, lui qui était son échanson, l'un des hauts fonctionnaires de l'empire perse. Cette grâce demandée à Dieu trouve l'exaucement quand, Néhémie se retrouve devant le roi.

Devant le roi Artaxerxès (Néh. 2 :1-9), Néhémie demande la permission d'aller reconstruire la ville de Jérusalem en ruine, (le pays de ses ancêtres). Néhémie fait des demandes précises au roi. 1-il demande d'aller en Judée pour restaurer la ville où se sont les sépulcres de ses pères.

2-Demande du laisser-passer. Les lettres pour les gouverneurs afin de laisser entrer en Juda, (Néh. 2 :7). Néhémie étant échanson du roi, il était très bien connu. Il ne voudrait pas être pris comme un haut fonctionnaire en fuite.

3- Demande d'une lettre pour Asaph, le garde forestier du roi afin qu'il lui fournisse du bois nécessaire pour la charpente, les portes, etc... (Néh. 2 :8). Le roi accède à ses demandes et Néhémie obtint ces lettres, car la bonne main de Dieu était sur lui. Il reconnaissait que Dieu l'ouvrait la voie pour la restauration de la ville de Jérusalem en ruine.

On ne peut jamais parler d'obstacles tant qu'il n'y a pas de projets. L'existence des projets font naitre les obstacles. Néhémie venait à peine de dresser le projet et les besoins de la reconstruction de la ville de Jérusalem que surgirent les premiers ennemis pour faire échec au projet. Il fait une démarche patriotique et tout cela se voit tout le long de son livre.

On voit clairement en lui, un homme qui se sent concerné par le bien-être du pays de ses ancêtres qui était en ruine.

II.4. Tactiques et ruses dans le livre de Néhémie

Tout au long de l'ouvrage de la restauration, l'Ennemi use de toutes les ruses et tactiques afin de saboter le projet de Néhémie. Il (l'Ennemi) va croissant en nombre et utilise plusieurs armes (la moquerie, le mépris, la ruse, l'intimidation, les accusations non fondées, etc. Cependant, il faut noter qu'il y a eu des ennemis externes et internes puis les difficultés intérieures au projet de la restauration de la ville de Jérusalem en ruine.

II.4.a. Sanballat et Tobija : deux ennemis

Deux ennemis surgissent au début du projet de Néhémie de reconstruire la ville de Jérusalem, (Néh. 2 :10). Ils étaient des personnes d'origine étrangère qui eurent le grand déplaisir de voir que Néhémie venait chercher le bonheur des enfants d'Israël. Le nombre des ennemis va toujours croissant tout le long du livre et leurs tactiques changent au fur et à mesure. Il y aura toujours des gens sur cette terre qui voudraient voir perdurer les malheurs des autres et vivre dans la désolation. Ces ennemis vont parfois jusqu'à user de la manipulation de la conscience pour ne pas voir la vérité triompher sur le mensonge.

25

II.4.b. Néhémie à Jérusalem

Une fois à Jérusalem, Néhémie ne se contente pas du rapport de ses frères venus de Suse (Néh. 1 :1-2). Or, Hanani, l'un de ses frères était une personne très honnête et qui avait la crainte de Dieu, (Néh. 7 :2). Malgré cela, Néhémie décide de faire sa propre inspection des lieux pour se faire sa propre idée. Il voulait ainsi s'assurer que ce qui lui a été dit en exil à Suse était vrai. Il vérifia lui-même (Néh. 2 :12-15). Il fit le tour de la ville. Il sortit par la porte de la vallée et fit son entrée par la porte de la vallée.

Il faut toujours s'assurer que les informations qu'on reçoit sont justes et vraies. Néhémie après l'inspection, va à la rencontre des anciens, des magistrats, des responsables et s'adresse à eux en ces termes: «Vous voyez le malheureux état où nous sommes! Jérusalem est détruite et ses portes sont consumées par le feu...» (Néh. 2 : 17). Ce verset de (Néh. 2 :17) qui sont des propos de Néhémie confirment les paroles de ses frères qui étaient venus le trouver en exil, (Néh. 1 :2-3). Il reçoit une information, il prend soin de la vérifier afin de la valider. C'est la qualité d'un homme responsable et intègre. Il ne souhaiterait jamais être mêlé à ceux qui propagent des fausses nouvelles.

Combien de fois dans l'Église, au milieu des chrétiens, certaines personnes propagent des faux témoignages ou des fausses informations sur des frères et sœurs? Combien d'informations erronées ou tronquées circulent sur le frère X ou la sœur Y alors qu'on la possibilité de vérifier ou d'interroger la personne concernée pour s'assurer de la véracité des faits.

Une sœur Y, un jour qui appelle un frère Z, priez pour moi cher frère, j'ai fait la crise d'asthme hier. Le frère Z de bonne foi, prie et prend soin d'informer l'Assemblée. Or si le frère Z est un émetteur devant l'assemblée, cette assemblée constituée de plusieurs personnes deviennent des récepteurs. Toute personne qui diffuse cette information devient à son tour un émetteur. Cependant, pour des raisons inconnues ou inavouées, quelqu'un (e) décide de déformer l'information. Ce n'est plus que la sœur a de l'asthme mais la sœur aurait le sida. De bouche à oreille, et de fil en aiguille, l'asthme qu'a la sœur Y devient à un autre bout le sida. C'est le téléphone arabe.

Les conséquences sont terribles pour la sœur. On se méfie d'elle. On adopte une attitude hypocrite à son égard. Cette fausse information prend l'allure d'une rumeur qui devient plus tard une clameur. Ainsi on sape la réputation de notre sœur bien-aimée Y. On enterre sa dignité. Tous les prétendants seront ainsi découragés, et surtout personne ne veut plus être à sa compagnie voire lui rendre visite. Personne n'a pris soin de vérifier l'information en abordant la sœur Y pour en savoir mieux et établir la VÉRITÉ. Cependant, la Bible nous interdit de donner de faux témoignage, de médire, de calomnier, mentir (Ex. 20 :16; 23 :1; Lév. 19 :6; Prov. 12 :22; Ro. 1 :29-32; Tite 3 :2; 1Pi. 2 :1). C'est triste. Cela se passe dans l'Église de notre Seigneur Jésus. On prie et on adore ensemble. On s'appelle frères et sœurs en Christ. Et, pourtant!.. Comment Dieu dans sa sainteté pourra envoyer sa bénédiction dans une Assemblée où règnent la médisance, l'hypocrisie, la méfiance, la jalousie...?

27

Celui qui répand une fausse information ou accusation est aussi coupable au même titre que la personne qui l'émet. Ne participons pas à la propagation des fausses nouvelles. Que notre bouche soit une source d'où sortent de bonnes paroles et des paroles de vérités. Sommes-nous des enfants de la Lumière et de Vérité? (Éph. 4 :24-25 ; 5 :8; 1Jn 2 :9-11 ; 1 Thes. 5 :4-5). Où sommes-nous des enfants des ténèbres ? (Jn 8 :44; 2 Tim. 3 :3; Rom. 1 :29-30). Néhémie est un homme honnête, sincère et fidèle à Dieu. Il ne pouvait pas se permettre de donner de fausses informations. Malgré qu'il connaisse bien ses

frères qui lui rapportèrent les informations sur les juifs rescapés et sur la ville de Jérusalem (Néh. 1 :2), Néhémie n'hésita
pas de faire une inspection une fois à Jérusalem (Néh. 2 :13):
"Je sortis de nuit par la porte de la vallée... et au v.15: ...Puis
je rentrai par la porte de la vallée, et je fus ainsi de retour."
Cette inspection avait pour but de vérifier les informations
qu'il avait reçues quand il était à Suse, (Néh. 1 :2-3). Et, après
sa propre vérification (Néh. 2 :17), Néhémie arrive à la même
conclusion: "Jérusalem est détruite et ses portes sont consumées par le feu," (Néh. 1 :3 et 2 :17).

-Revenons sur l'interpellation de Néhémie: «Vous voyez
le malheureux état où nous sommes! Jérusalem est détruite
et ses portes sont consumées par le feu...» (Néh. 2 : 17). Il ne
tente pas de se soustraire du malheur et de la situation humiliante que vivaient ses frères. Le «nous» qu'emploie Néhémie
montre clairement qu'il s'inclut dans cette détresse et dans
cette humiliation, lui qui était un haut dignitaire. Le peuple
convaincu, prit une bonne résolution de rebâtir Jérusalem
en ruine. Combien de personnes dans l'Église vivent dans le
confort et voient leurs frères et sœurs dans la misère et ne leur
viennent en aide?

II.5. Les ennemis externes et leurs armes

Néhémie, l'homme entreprenant et restaurateur de la vie
sociale et politico-économique de la Judée fera face à des
farouches opposants et ennemis. Ces derniers utiliseront

plusieurs armes et ruses afin de faire saboter le projet de la restauration de la ville de Jérusalem. Quelles armes et ruses utilisent les ennemis des juifs?

II.5.a. La moquerie: Néh. 2 :19

Néhémie lance un appel à ses frères : «levons-nous et bâtissons», (Néh. 2 :18). C'est la reconstruction qui fera qu'ils ne seront plus dans la honte. Encore une fois, Néhémie emploie le «nous». Pour indiquer à ses frères, qu'il vient participer à la rénovation. Il n'était pas venu faire des reproches et pointer du doigt la misère et l'humiliation de ses frères. Il ne venait pas pour leur dire: "Voyez le malheureux état où vous êtes." Et il ne leur disait non plus "levez-vous et bâtissez pour ne plus être dans la honte." Au contraire, Néhémie emploie toujours «nous». Il fait partie de ce nous qui est dans la misère, dans la désolation et dans l'humiliation. Il fait également partie de ce nous qui va reconstruire. Le patriotisme et l'objectif précis de son voyage à Jérusalem, quittant son poste de haut cadre de l'empire Perse est résumé par cet appel: «levons-nous et bâtissons», (Néh. 2 :18).

29

Au début, nous avions vu qu'il n'y avait que deux ennemis qui se sont montrés à savoir; Tobija et Sanballat, (Néh. 2 : 10). Le projet de Néhémie à Jérusalem est bien précisé, reconstruire la ville. Informés, la réaction des opposants ne se fit pas fait attendre.

Si au début, ils n'étaient que deux, maintenant, ils ne sont que trois (3). Guéschem, l'arabe qui s'ajouta aux deux premiers

(Néh. 2 :19). Non seulement leur nombre augmenta, mais ils utilisèrent une arme psychologique, la moquerie et le mépris.

La moquerie est une arme redoutable. Elle dévalorise les capacités et compétences de l'autre. La moquerie et le mépris ne visent qu'un objectif dévaloriser. Il y a une volonté réelle d'ironiser sur la capacité des Juifs de reconstruire Jérusalem. Non seulement ces trois (3) opposants ou ennemis se *moquèrent* et *méprisèrent* Néhémie et ses frères, ils allèrent jusqu'à l'accuser.

II.5.b. *Accusé de rébellion*

Ils emploient une arme additionnelle qui était de créer la peur. «Ils dirent que faites-vous là? Vous vous révoltez contre le roi?», (Néh. 2 :19). Tobija, Sanballat et Guéschem, l'arabe voulaient tout simplement créer la psychose et décourager Néhémie et ses frères de reconstruire. La Judée était une satrapie. Toute rénovation ou construction d'une telle ampleur surtout la ville de Jérusalem, requiert une permission royale. La Judée et surtout sa capitale Jérusalem était connue comme une ville rebelle. D'abord de 607 à 601 sous le roi Jojakim, (2R. 23 :33-24 :1); en 597 sous Jojakin, son fils roi de Juda (2R. 24 :1-17; 2 Chr. 36 :1-10, et enfin en 587 sous le règne du roi Sédécias. Durant deux ans de siège, finalement, la ville de Jérusalem sera détruite, ses murailles démolies et ses portes incendiées en 587 av. J.C par l'armée de Nabuchodonosor, (2R. 24 :18-20; 25 :1-22; Jér. 39 :1-10; 2Chr. 36 :17-21).

Reconstruire une ville rebelle sans autorisation équivalait à un acte de rébellion contre le roi. Or dans le cas de Néhémie et ses frères, ils avaient toute l'autorisation du roi Artaxerxès. Évoquer la rébellion des Juifs, c'est faire allusion au passé avec ces conséquences.

La ferme résolution du peuple (Néh. 2 :18) est démontrée dans ce chapitre de (Néh. 3 :1-32). La répartition et la coordination des travaux de la reconstruction se firent selon les compétences voire selon les moyens. Toutes les composantes de la population rescapée des captivités prirent part à reconstruction de la ville de Jérusalem. Passant d'hommes ordinaires aux dignitaires religieux, comme les souverains sacrificateurs et lévites (Néh. 3 :1 ; 17; 22 et 28); des responsables politiques, (les préfets ou chefs de district, Néh. 3 :14-16); des orfèvres et les marchands (Néh. 3 :31-32) et voire des filles, (Néh. 3 :12).

31

Les adversaires ou ennemis ne seront jamais heureux de voir votre persévérance malgré les obstacles qu'ils vous tendent. Il est parfois incompréhensible de voir que la réussite après des peines et larmes puissent engendrer chez certaines personnes de la haine. Une haine gratuite et sans raison. Les juifs reconstruisent pour sortir de leur désolation mais leurs ennemis ont le déplaisir et se mirent en colère. Ils emploient une arme supplémentaire pour dissuader et empêcher cette œuvre de se poursuivre.

II.5.c. Le mépris et l'intimidation

Néh. 4 :1-3 :

> Lorsque Sanballat apprit que nous rebâtissions la muraille, il fut en colère et très irrité.
>
> Il se moqua des juifs, et dit devant <u>ses frères</u> et devant <u>les soldats de Samarie</u>: À quoi travaillent ces juifs impuissants? Les laissera-t-on faire? Sacrifieront-ils? Vont-ils achever? Redonneront-ils vie à des pierres ensevelies sous les monceaux de poussière et consumées parle feu?
>
> *Tobija, l'Ammonite, était à côté de lui, et il dit: Qu'ils bâtissent seulement!* **Si un renard s'élance, il renversera leur muraille de pierres!**

Au fur et à mesure que les travaux avancent, Sanballat fut en colère et très irrité. Puisque jusqu'ici toutes les armes déployées ne produisirent pas les résultats escomptés. Non seulement leur nombre augmenta (les ennemis) et surtout parmi eux, il y aura les frères de Sanballat (les Horonites) et les soldats de Samarie qui s'ajoutèrent. Avoir une force armée dans le groupe est une manière <u>d'intimider</u> les juifs.

Les soldats de Samarie constituent une arme psychologique pour intimider Néhémie et ses frères de ne pas reconstruire la ville de Jérusalem.

> ..À quoi travaillent ces juifs impuissants? Les laissera-t-on faire? Sacrifieront-ils? Vont-ils achever? Redonneront-ils vie à des pierres ensevelies sous les monceaux de poussière et consumées parle feu? (Néh. 4 :2)

*Mais, toutes ces interrogations dans (Néh. 4 :2) montrent que l'ennemi doute et s'interroge sur la nouvelle stratégie à adopter. On dirait que (Néh. 4 :2) n'était qu'une table ronde des malfaiteurs. Néhémie et ses frères avaient les yeux rivés sur leur projet de reconstruction, et prenaient appui sur l'Éternel. Leur succès qu'ils engrangent, conduisent l'ennemi à douter de ses stratégies et moyens déployés. Malgré les freins et obstacles qu'il a dressé pour mettre en péril le projet de la restauration de la ville de Jérusalem.

En comptant sur l'Éternel dans le mandat et la mission qu'Il nous donne, en travaillant avec persévérance, et les succès malgré les oppositions et les embuches finissent par faire douter ceux qui s'opposent à nous. Avec vos progrès et réussites, malgré tant d'obstacles, cela ne signifie pas que l'ennemi délaissera ses actions de nuisance.

L'adversaire ou l'ennemi n'abandonne pas les armes psychologiques (la moquerie, le mépris...) dans ce combat qu'il s'est engagé. Ces armes visent à porter un coup dur au moral des juifs. Nous allons y revenir plus explicitement dans le (v.3).

Avant de revenir sur le (v.3) posons-nous la question de savoir combien sont actuellement le nombre des ennemis des juifs dans ce projet? Récapitulons. Ils étaient deux au départ (Sanballat, l'Horonite et Tobija, l'Ammonite, 2 :10). Il eut Guéschem, l'arabe qui s'ajouta (2 :19), et ils devinrent trois, (3). Puis dans (4 :1-2), Sanballat est allé chercher ses frères horonites, et les soldats de Samarie. Puis au (v.7), on constate que les arabes et les Asdodiens firent leur entrée dans ce

33

groupe d'ennemis des juifs. On peut conclure que la coalition qui s'est formée contre les juifs et leur projet ne fait qu'augmenter. Le diable est courageux et persévérant dans ces plans de nuisance.

Dans Néh. (4 :3):

> *Tobija, l'Ammonite, était à côté de lui, et il dit: Qu'ils bâtissent seulement! Si un renard s'élance, il renversera leur muraille de pierres!*
> *Écoute, ô notre Dieu, comme nous sommes **méprisées !**....*

Dans cette référence ci-dessus, la force de résistance des murs que construisaient Néhémie et ses frères est jugée inférieure à la force d'un renard. Une façon de ridiculiser et de mépriser tous les efforts de la reconstruction. Face aux moqueries, mépris et intimidation, quelle attitude adopter?

II.6. Homme de prière et de diplomatie

Néhémie face à toutes ces provocations de moquerie, d'ironie et de mépris incessants, aurait pu perdre son sang-froid et répondre tac-au tac. Il est resté vigilent tout en gardant tout le peuple juif par des conseils pour ne pas répondre afin d'éviter la confrontation verbale puis armée. Il ne s'est pas prêté au jeu de l'ennemi. On pourrait aussi dire qu'il a su veiller sur ses frères par des conseils et diplomatie afin qu'ils ne tombent pas dans le piège de l'ennemi. Sinon, répondre l'ironie par l'ironie, la moquerie par la moquerie ou le mépris par le mépris, conduirait à coup sûr au conflit verbal puis armé. Ainsi, une telle situation serait une opportunité pour l'ennemi. Le prétexte serait ainsi donné et probablement aux soldats de Samarie d'entrer en 1er en jeu pour attaquer les juifs et saccager tout l'ouvrage.

Cette prudence, et discernement de Néhémie a permis de ne pas prêter le flanc à l'ennemi, et ne pas être détourné de sa mission. Il arrive qu'on reçoive un mandat de Divin pour accomplir une mission. Malheureusement, si on ne fait pas attention par ruse et tactiques, l'ennemi peut nous détourner de notre mission principale. Il nous fera entrer dans une bataille qui n'était pas la nôtre. Il est important de toujours garder en mémoire sa vision et objectifs afin de ne pas être détourné.

II.6.a. *Néhémie un homme de prière*

Néhémie s'est montré tout au début de son livre jusqu'à la fin comme étant un serviteur consacré par (le jeûne et la prière). C'est par la prière qu'il commence sa mission (Néh. 1 :4-11), .et tout le long du processus de la reconstruction et face aux obstacles, et difficultés, Néhémie a toujours eu recours à Dieu et à la prière, (Néh.1 :11; 4 :4-5; 5 :19; 6 :14). Quand la circonstance nécessitait une intercession collective, il savait l'organiser (Néh.4 :8). Néhémie nous montre le modèle de serviteur consacré et s'implique personnellement pour la cause

35

de ses frères de Jérusalem qui vivaient dans la désolation. Il était soucieux de leur vie. Combien de serviteurs de nos jours ne s'impliquent pas dans la prière pour leur propre vie. Combien ne sont-ils pas désintéressés par la vie des membres de leur congrégation? Si, un serviteur prie et est consacré, il le sera pour la mission qu'il a reçue par notre Seigneur Jésus et il le sera également pour ses fidèles.

II.6.b. Un serviteur qui savait exhorter

C'est encore un modèle d'un serviteur qui savait dire ce qu'il faut dire et quand il faut le dire. Dans toute situation, les mots ont leur place. Il sait motiver, encourager, exhorter (Néh. 2 :17-18; 4 : 14; 19-23; et réprimer quand il le fallait pour ramener à l'ordre tous ceux qui avaient des écarts de conduite, (Néh.5 :6-13).

36

II.7. Obstacles et ennemis internes

Si malgré les ironies, les mépris, les intimidations et surtout le nombre de plus en plus croissant, passant de deux (2) à trois (3) puis à des groupes, cette fois-ci l'ennemi sera de l'intérieur. Ces nouveaux obstacles sont internes et seront plus difficiles à combattre. L'ennemi externe est plus facile à combattre que l'ennemi interne. Un serpent dans le jardin est plus facile à tuer qu'un serpent au salon. Il va falloir plus de tact et de prudence pour ne pas causer des dégâts (casser sa télévision, des meubles voire blesser un membre de la famille.

Cette fois-ci, Néhémie devrait affronter quatre (4) plaintes majeures internes au sein du peuple (Néh. 5 :1-5). Des voix se lèvent parmi les juifs pour présenter des plaintes et crier leur ras-le-bol. Les plaintes étaient dirigées contre les grands et des magistrats cupides et véreux (Néh. 5 :6-).

II.7.a. 1ere plainte: contre la cupidité

Cette plainte est dirigée contre la cupidité des hauts digni-taires et magistrats du peuple. Les dirigeants s'adonnaient à cœur joie à la cupidité. Le verset de (Néh. 5 :2) prouve qu'il y avait de quoi à donner à manger aux nécessiteux. Cepen-dant, les cadres, les magistrats (la classe dirigeante) préfé-raient s'occuper d'une part d'eux-mêmes et des membres de leur famille uniquement (c'est de la cupidité). Et, d'autre part, ils pratiquaient les hypothèques, les prêts avec intérêts, et la réduction en esclavage des fils et des filles des parents suren-dettés. Et, pourtant ces parents surendettés n'étaient que leurs propres frères. Où était donc l'amour du prochain ? (Cf. 1Jn 3 :17; Jac. 2 :15-17). Ces hauts dignitaires étaient à la fois avaricieux et véreux.

On peut lire ceci dans (Néh. 5 :2):

> "Les uns disaient : Nous, nos fils, et nos filles, nous sommes nombreux qu'on nous donne du blé, afin que nous mangions et que nous vivions."

37

II.7.b. 2ᵉ plainte: contre le prêt hypothécaire

Une partie de la population durant la famine était obligée de mettre en hypothèque leurs champs, vignes et maisons pour avoir de quoi manger et nourrir les membres de leur famille.

> "D'autres disaient : **Nous engageons** nos champs, nos vignes, et nos maisons, pour avoir du blé pendant la famine, (Néh. 5 :3).

II.7.c. 3ᵉ plainte: contre des prêts avec intérêts

> "D'autres disaient : Nous avons emprunté de l'argent sur nos champs et nos vignes pour le tribut du roi" (Néh. 5 :4).
> " Quoi ! Vous prêtez à intérêt à vos frères !", (Néh. 6b). Or dans le Pentateuque, le prêt avec intérêt est incriminé, (Ex. 22 :25):
> Si tu prêtes de l'argent à mon peuple, le pauvre avec toi, tu ne seras point à son égard comme un créancier, tu n'exigeras point de lui d'intérêt.

Cf. la suite de ce texte ci-dessus et Lév. 25 :35-37; Deut 23 :20-21). Dans les livres sapientiaux de la Bible, la condamnation est faite à cette pratique du prêt avec intérêt entre les fils et filles d'Israël, (Ps 15 :5; 109 :11; Prov 28 :8) et le prophète Ézéchiel, ne manquera pas dans ses messages de dire que celui qui craint l'Éternel ne doit pas agir ainsi à l'égard de son frère pauvre (Ez 18 :8; 13 :17; 22 :12).

II.7.d. 4ᵉ plainte: la réduction en esclavage

> "Et pourtant notre chair est comme la chair de nos frères,
> nos enfants sont comme leurs enfants; et voici, nous
> soumettons à la servitude nos fils et nos filles, et plusieurs
> de nos filles y sont déjà réduites; nous sommes sans force,
> et nos champs et nos vignes sont à d'autres", (Néh. 5 :5).

Cette dernière plainte est la réduction en esclavage des fils et des filles des parents surendettés. Elle est la conséquence des trois (3) dernières plaintes. Étant donné que certains parents n'étaient plus en mesure de payer leurs créanciers, ils ont dû céder leurs fils ou filles à ces derniers comme esclaves afin d'honorer leurs dettes.

39

Tous ces dignitaires et magistrats qui étaient censés aider Néhémie dans ses responsabilités de gouverneur ont failli à leur mission créant ainsi toute cette atmosphère au sein du peuple. Toutes ces quatre (4) plaintes constituaient un véritable frein, pour la paix intérieure des rescapés et aussi un obstacle pour la reconstruction de la ville de Jérusalem. Les dirigeants ont eu des pratiques condamnables par la loi. Face à ces cris et ces plaintes au sein du peuple, le gouverneur Néhémie n'était pas resté indifférent. Il décide d'agir en homme intègre et affronte ces hauts cadres et magistrats en les faisant des réprimandes publiques (Néh. 5 :7):

> "Quoi ! Vous prêtez avec intérêts à vos frères! Et je
> rassemblai autour d'eux une grande foule,"

Au début de ce verset, Néhémie emploie: <u>quoi</u> ! Cette préposition marque son étonnement et qu'il était très choqué de savoir que les dirigeants faisaient subir de telles pratiques au peuple. Quelle honte! Pour mettre fin à ces pratiques de ces hauts cadres et magistrats corrompus d'une part et d'autre part les plaintes du peuple, Néhémie décide de convoquer les deux camps. C'est une double pédagogie employée par Néhémie. Les 1ers ne pouvaient pas nier les faits et les $2^è$ (le peuple) qui serait témoin des décisions qui en découleront de cette assemblée. Désormais, la foule ne se laisserait plus faire.

Il faut aussi également noter que le fait de rassembler autour des dirigeants malhonnêtes une grande foule, montre que Néhémie mettait sur eux une pression physique et morale. <u>Physiquement</u> ils étaient cernés par la grande foule qui était victime de leurs actes. Pas d'échappatoire possible. Cette foule pleine de frustration, d'amertume, de déception, et si possible elle était très en colère. Devant toutes ces personnes avec ces émotions, ces dignitaires et hauts cadres convoqués, ne pouvaient pas se permettre de jouer avec la foule en niant les faits. Ils risquaient de subir la colère de celle-ci qui n'allait pas tarder de se déchaîner contre eux. Ils risquaient de se faire lyncher.

<u>Moralement</u>, leurs pratiques venaient d'être incriminées publiquement devant leurs victimes témoins, (Néh. 5 :9): *"ce que vous faits n'est pas bien..."* On pourrait se référer à (Lév.

25 :35-44; Deut. 15 :7-11) où on devrait permettre à la personne qui devient pauvre d'exercer comme un mercenaire c'est-à-dire un ouvrier ou un manœuvre. Dans le livre historique de (2 R 4 :1-7), le prophète Élisée a dû intervenir pour opérer un miracle pour que la veuve paye sa dette afin de libérer ses enfants de l'esclavage.

Par contre Néhémie a prouvé qu'il avait une conduite exemplaire, il donnait assistance, et n'accablait pas le peuple. Lui et ses frères aussi ont prêté à ceux qui étaient dans le besoin sans exiger d'eux des intérêts, (Néh.5 :10 et 14-19). Néhémie montre qu'il est un homme honnête et intègre. Il n'a pas profité de son statut de gouverneur pour exploiter le peuple et se donner des privilèges. Il a donc sacrifié ses intérêts pour le bien de sa patrie et de ses frères.

41

Le dénouement heureux de cette crise était la restitution pure et simple de tout sans exiger d'intérêt, (Néh. 5 :11-12). Imaginez-vous la grande joie de la foule! La joie des parents qui allaient retrouver leurs fils et filles réduits en esclavage et de tous ceux qui allaient retrouver leur maison, vignes et champs. Ce n'est que du temps perdu pour la résolution de ces difficultés ou obstacles internes dus à la cupidité et la malhonnêteté des dirigeants. Ce temps aurait permis de se focaliser sur le projet et sur les ennemis externes.

Nul été l'intégrité, sagesse, et le respect de Néhémie, le conflit interne aurait pu dégénérer par le lynchage de ces dirigeants convoqués par la foule. Ainsi, la mission 1ere de Néhémie de reconstruire la muraille de Jérusalem, rétablir la dignité et l'honneur de la ville de ses ancêtres aurait été écartée. Non seulement certains hauts cadres ont décidé par leur conduite et gestion de créer au sein du peuple ces quatre (4) plaintes mais, aussi la résolution du conflit aurait pu davantage éloigner Néhémie de sa 1 ere mission.

Combien de pasteurs, de missionnaires, et Églises ne se sont pas éloignés complètement de la vision et mission qu'ils ont réussies dès le départ par le Seigneur Jésus? Parfois, l'ennemi nous crée et nous entraîne sur des champs de batailles qu'on ne devrait pas être. Par ce fait, l'ennemi ou l'adversaire nous éloigne de notre champ de mission.

II.8. Le traquenard

En dépit de toutes les stratégies et armes déployées jusqu'ici par l'Ennemi pour s'opposer à Néhémie et à ses frères, le projet de la reconstruction a été jusqu'au bout. Néhémie dans son intégrité a su mener cette dure bataille en s'appuyant sur Dieu dans toutes ces épreuves et par son intégrité accomplir sa mission. Cependant, les ennemis ne s'avouèrent jamais vaincus. Ils tentèrent leurs dernières actions. L'une d'elles fut le traquenard, une sorte "de piège ou une machination tendue à quelqu'un pour l'arrêter, le faire échouer," cf. Le Dict. Larousse. Le but en clair visait à le supprimer.

Les ennemis ont décidé de passer par un traquenard pour prendre Néhémie. Et, pourtant la construction était presqu'achevée, il ne restait qu'à poser les battants des portes.

Néh. 6 :1-3:

> 6 :1 Je n'avais pas encore posé les battants des portes,
> lorsque Sanballat, Tobija, Guéschem, l'Arabe, et nos
> autres ennemis apprirent que j'avais rebâti la muraille
> et qu'il n'y restait plus de brèche.
>
> 6:2 Alors Sanballat et Guéschem m'envoyèrent dire: Viens,
> et ayons ensemble une entrevue dans les villages de la
> vallée d'Ono. Ils avaient médité de me faire du mal.
>
> 6:3 Je leur envoyai des messagers avec cette réponse: J'ai
> un grand ouvrage à exécuter, et je ne puis descendre;
> le travail serait interrompu pendant que je quitterais
> pour aller vers vous.

Qui pourrait croire à une entrevue sympathique et amicale avec ses ennemis acharnés d'hier? Étaient-ils réellement animés de bonnes intentions à l'égard de Néhémie ? Il faudrait être si naïf. Néhémie ne l'était pas, car leurs œuvres ont été évidentes par le passé. Face à l'intégrité et à la fermeté de Néhémie de céder à leur entrevue machiavélique à la vallée d'Ono, les vraies motifs avec des fausses accusations de cette entrevue se révèlent par la suite.

II.8.a. Les fausses accusations

Dans les versets suivants, les vraies intentions des ennemis de Néhémie sont révélées. Cela montre que leur semblant d'invitation à une entrevue n'était pas une partie de plaisir et de bonheur qu'ils le réservaient.

> 6:4 Ils m'adressèrent quatre fois la même demande, et je leur fis la même réponse.
>
> 6:5 Sanballat m'envoya ce message une cinquième fois par son serviteur, qui tenait à la main une lettre ouverte.
>
> 6:6 Il y était écrit: Le bruit se répand parmi les nations et Gaschmu affirme que toi et les Juifs vous pensez à vous révolter, et que c'est dans ce but que tu rebâtis la muraille. Tu vas, dit-on, devenir leur roi, 6:7 tu as même établi des prophètes pour te proclamer à Jérusalem roi de Juda. Et maintenant ces choses arriveront à la connaissance du roi. Viens donc, et consultons-nous ensemble.
>
> 6:8 Je fis répondre à Sanballat: Ce que tu dis là n'est pas; c'est toi qui l'inventes!
>
> 6:9 Tous ces gens voulaient nous effrayer, et ils se disaient: Ils perdront courage, et l'œuvre ne se fera pas. Maintenant, ô Dieu, fortifie-moi!

44

Si effectivement le bruit se répandait parmi toutes les nations que les juifs pensaient se révolter et que Néhémie a établi des prophètes pour le proclamer roi de Juda, alors, le roi perse Artaxerxès aurait dû être informé. Et, aurait pu faire valoir son autorité sur le gouverneur Néhémie. Or, ce fut le même roi qui avait donné toutes les autorisations possibles à Néhémie à savoir: des laisser-passer, (des lettres) pour les autres gouverneurs des satrapies que Néhémie allait traverser, et enfin une lettre pour Asaph, le garde forestier du roi pour fournir du bois nécessaire à Néhémie pour son projet (Néh. 2 : 7-8). De qui alors tiraient-ils leur légitimité? Et pourquoi Néhémie qui fut l'échanson du roi, les consulterait?

Méfiez-vous toujours des ennemis qui vous combattent sans succès et qui subitement deviennent sympathiques et vous proposent des rencontres amicales et des projets. Le diable est toujours persistant et ne se décourage pas. Même si la défaite est en vue, il continuera la lutte contre vous juste pour vous nuire ou vous créer des dommages afin de vous ralentir dans vos élans et projets.

II.8.b. Les faux prophètes ou prophètes corrompus   45

Tous les moyens sont bons pour l'ennemi afin de parvenir à ses fins de nuisance. L'ennemi va cette fois-ci utiliser des hommes de Dieu. Les prophètes ont porté le flanc à l'ennemi pour saboter la mission de Néhémie. Ils sont payés pour annoncer des fausses prophéties sur Néhémie. Les prophètes qui étaient censés aider Néhémie, certains comme Schemaeja, (la prophétesse), Noadia et autres étaient soudoyés par Tobija et Sanballat.

C'est un groupe interne que venait de recruter l'ennemi pour détruire l'image de Néhémie, voire le tuer (Néh. 6 :10-12 et 14):

> 6:10 Je me rendis chez Schemaeja, fils de Delaja, fils de Mehétabeel. Il s'était enfermé, et il dit: Allons ensemble dans la maison de Dieu, au milieu du temple, et fermons les portes du temple; car ils viennent pour te tuer, et c'est pendant la nuit qu'ils viendront pour te tuer.
>
> 6:11 Je répondis: Un homme comme moi prendre la fuite! Et quel homme tel que moi pourrait entrer dans le temple et vivre? Je n'entrerai point.
>
> 6:12 Et je reconnus que ce n'était pas Dieu qui l'envoyait. Mais il prophétisa ainsi sur moi parce que Sanballat et Tobija lui avaient donné de l'argent.

Néhémie n'était que gouverneur de Juda, un homme politique, (Néh. 5 :14-15). Les prophètes, les sacrificateurs et les lévites constituaient l'autorité religieuse. Certains prophètes, une partie de l'autorité religieuse venait de se faire corrompre par Tobija et Sanballat. Les deux étaient le cerveau et les ennemis jurés de Néhémie et des juifs. Ils se sont farouchement opposés dès le début jusqu'à la fin du projet de la restauration des murailles de la ville de Jérusalem, (Néh. 2 :10-6 :1-2..). Ces prophètes ci-dessus mentionnés étaient des traitres à la cause nationale. Ils n'étaient pas les seuls dans cette traitrise et corruption.

Certains dignitaires de Juda étaient devenus des agents de renseignements dans le compte de Tobija, au point de dire du bien de lui (Néh.6 :17-19):

> Dans ce temps-là, il y avait aussi des grandes de Juda qui adressaient fréquemment des lettres Tobija et qui en recevaient de lui.

Car plusieurs en Juda étaient liés à lui par serment, parce
qu'il était gendre de Schecania, fils d'Arach, et que son fils
Jochanan avait pris la fille de Meschullam, fils de Bérékia.
Ils disaient même du bien de lui en ma présence, et ils lui
rapportaient mes paroles. Tobija envoyait des lettres pour
m'envoyer.

C'est triste que pour des intérêts personnels, certains
prophètes et hauts cadres trahissent la cause nationale. Ils
vendent leur patriotisme sur l'autel du gain facile et des pro-
fits égoïstes. Quel égarement ! Combien de nos dirigeants et
serviteurs de Dieu ont sacrifié leur patriotisme et la cause de
Dieu et nationale sur l'autel de leurs intérêts?

Combien de serviteurs de nos jours se sont éloignés de
Dieu par la corruption? Face à l'argent à la tentation du dieu
Mammon n'ont pu résister? Dans beaucoup d'Églises et de
missions chrétiennes, le dieu de l'argent a réussi à gagner
les cœurs de certains hommes de Dieu. Leurs messages ne
viennent plus du Seigneur Jésus mais du dieu Mammon. Tout
(e) serviteur/ servante de Dieu devrait toujours veiller à ce que
rien ne vienne le/la ravire du champ de sa mission que Dieu
lui a confiée. Néhémie n'a pas perdu de vue sa mission pour
laquelle, il était venu à Jérusalem. Il était resté intègre et ferme
dans toutes épreuves et obstacles que lui dressèrent les ennemis en comptant sur Dieu.

47

Conclusion

Le chapitre 6 du livre de Néhémie nous montre que la mission a été accomplie malgré des durs épreuves et obstacles, (Néh. 6 : 1 et 15). Et surtout (Néh. 12 :27-43) est consacré à la dédicace des murailles de Jérusalem. Cette réussite est due à plusieurs raisons : * Néhémie ayant été informé de la situation humiliante de ses frères et de la ville de Jérusalem en ruine, fut touché et soumit le problème à Dieu par des jeûnes et prières (Néh. 1 :2-4). Il a formulé clairement sa demande à Dieu et au roi Artaxerxès (Néh. 1 :11 ; 2 :4-5).

48   *Il a obtenu l'autorisation de rentrer en Judée pour rebâtir la ville de Jérusalem avec toutes les autorisations (Néh. 2 :6-9). * Une fois à Jérusalem, Néhémie s'identifie à ses frères. Il n'était pas venu avec un esprit de supériorité. L'emploi du "nous" (Néh. 2 :17-18) est une preuve. * Néhémie est un homme de prière et il comptait sur Dieu durant toute la durée de la reconstruction de la muraille, (Néh.1 :4-11; 4 :4-6, 8, 9; 5 :19 ; 6 :14).

    * C'est un homme qui était resté intègre et accroché à sa mission. Il n'avait pas perdu de vue ses objectifs. En dépit de tous les obstacles internes et externes rencontrés et avec toutes les armes déployées par les ennemis (ruse, intimidation, moquerie, traquenard, etc...). Dans toutes ces circonstances, Néhémie est resté attaché à Dieu. Il a toujours eu recours à Dieu comme appui dans toutes les difficultés rencontrées et

face à l'ennemi dont le nombre ne cessait de croitre. Malgré tous les obstacles et avec un ennemi teigneux, la mission de Néhémie fut accomplie avec succès.

Cette réussite fut une grande humiliation des ennemis dont la crainte s'empara d'eux, (Néh. 6 :15-16):

> La muraille fut achevée le vingt-cinquième jour du mois d'Élul, en cinquante-deux jours,
> Lorsque tous nos ennemis l'apprirent, toutes les nations qui étaient autour de nous furent dans la crainte ; elles éprouvèrent une grande humiliation, et reconnurent que l'œuvre s'était accomplie par la Volonté de notre Dieu.

49

En s'appuyant sur notre Dieu dans nos projets, et quand Il nous conduit au succès, cela ne peut que forger auprès de nos ennemis une crainte. Ils finissent par reconnaître que Dieu est avec nous.

Certains serviteurs et servantes de Dieu ont perdu leur vision, mission et objectifs face aux difficultés et épreuves parce qu'ils se sont tout simplement déconnectés de Dieu qui les a appelés. D'autres n'ont pas pu résister face à certaines tentations au point d'être obsédés pour (l'argent, le pouvoir, le luxe, les femmes, la boisson, etc..). Ils ont plutôt eu recours à leur sagesse et intelligence. Dans les épreuves, nous devons toujours rester attachés à Dieu, et demander sa sagesse, son intelligence et son discernement pour trouver des bonnes solutions. Les questions que tout chrétien, toute Église, et toute mission devraient se poser sont : Est-ce nous avons le mandant de Dieu ou bien nous nous sommes donnés un mandat pour cette mission? Est-ce nous avons prié et prions Dieu pour cette mission? Sommes-nous toujours entrain d'exécuter ce mandat divin? Où suis-je dans ma marche avec Dieu? Suis-je toujours intègre qu'au début de ma foi?

III. Les adversaires de Paul dans l'épître aux Galates

À la lecture de l'épître aux Galates, on constate qu'il n'existe aucune nomination explicite de la part de Paul au sujet de ses adversaires. Cependant, si Paul parle aux Galates, il s'adresse également à ses adversaires.[8] Pourquoi cette position de l'apôtre Paul ? Étant donné que la situation était préoccupante, il fallait du tact et agir avec prudence. Un choix était donc indispensable: réfuter systématiquement ses adversaires sur les points de vue qui les opposaient. Indigné, étonné, voire déçu de la rapidité des Galates à faire volte-face à son évangile, Paul avait un message que l'on pourrait qualifier de «correcteur» face à des Galates qui se détournait de la vérité. Daniel Marguerat affirme d'ailleurs que la «*lettre de Galates fait partie des interventions correctrice de l'apôtre Paul.*»[9] On ne trouve pas de messages ou de combats structurés, c'est-à-dire systématique, de Paul face à ses opposants dans l'épître aux Galates. Néanmoins, on constate çà et là des allusions à des enseignements et à des pratiques de ses adversaires.[10] Dans ces allusions, ils ne les désignent que par des expressions négatives: οι ταρασσοντες (fauteurs de troubles, agitateurs, Gal 1:7) ψευδαδελφους (faux frères, Gal 2:4), οι αναστατουντες (5:12). Leur zèle pour les Galates avait un but négatif, εκκλεισαι (exclure, Gal 4:17), et cette question aux Galates τις υμας (qui vous a envoutés? Gal 3:1) etc...

51

---

8   O'OCONNOR, 2004, p. 152.
9   MARGERAT, 1999, p. 38.
10   ALLIAZ, 1987, p.12.

Concernant ces «troublemakers», on ne peut qu'essayer de reconstituer leur identité que de manière indirecte.11 Qui sont donc ces agitateurs? D'où viennent-ils? Toute une gamme d'hypothèses fuse sur le sujet dans le but de déchiffrer leur origine et leur identité. La plupart des auteurs sont unanimes pour dire qu'ils s'agit soit de judéo-chrétiens, de pagano-chrétiens à tendance gnostiques, ou encore de pagano-chrétiens d'inspiration judaïque, mais aussi de néophytes nouvellement convertis qui font du zèle concernant la loi, ou encore des illuminés. Avec toutes ses positions qui tentent chacune de donner l'identité des adversaires de Paul, la question est de savoir: qui sont-ils réellement?

III.1. Les opposants de Paul

Pas de nomination explicite de ses adversaires, mais implicite N'ayant pas d'informations structurées et systématiques de Paul concernant ses adversaires, nous sommes bien obligés de regarder les évidences internes dans lesquelles il s'attarde au sujet de ses opposants et examiner aussi les explications des auteurs qui ont tenté d'aborder le sujet. Vu la complexité de la tâche de Paul dans la situation critique des Galates, il devrait «rassurer les Galates mais aussi tant que ses adversaires étaient présents en Galatie (Gal.1:7, 5:10) montrer que leur Évangile n'était pas bien fondé».[12]

---

11   ALLIAZ, 1987, p. 10.
12   O'OCONNOR, 2004, p. 152.

En effet, pour O'Connor, le fait que Paul ne nomme pas explicitement ses opposants démontre soit l'incapacité de celui-ci à les identifier, soit le fait qu'au contraire il les connait fort bien mais laisse le soin à l'église de Galates de les démasquer.[13] Simon Legasse quant à lui écrit que: «rien n'est sûr que Paul ait connu leur nom».[14] Mais l'emploi de «certains», pour désigner ses adversaires, montre que Paul n'avait aucune volonté de les connaître, il prenait de la distance à leur égard, et avait même une attitude de mépris les concernant.[15] Selon Betz, «Paul requiert l'anonymat dans le cadre de ne pas servir de publicité à ceux-ci. Mais aux destinataires de l'épître, ils n'étaient guère dans l'illusion, ils les connaissaient».[16] Ben W. Affirme que Paul ne connaissait pas les «agitateurs» de Galates dans le cas où nous prenons sérieusement les questions suivantes dans ces versets: (Gal. 3:1; 5:7, 10). On peut donc supposer que Paul avait une idée sur ces agitateurs mais sans pouvoir pour autant les identifier.[17]

Quoi qu'il en soit, face à ses différentes thèses, nous pouvons dire de notre part que l'apôtre ne souffrait d'aucune difficulté pour nommer ses adversaires. Il n'était en aucun cas dans une incapacité de les identifier. Il les connaissait mais a choisi l'anonymat dans l'optique de ne leur faire aucune publicité. L'apôtre décide délibérément de ne pas nommer ses opposants. Il paraît évident qu'il les connaissait puisqu'il

13   O'OCONNOR, 2004, p. 18.
14   LEGASSE, 2000, p. 63.
15   LEGASSE, 2000, p. 65.
16   BETZ, 1979, p. 49.
17   WITHERINGTON III, 1998, p. 23.

était bien informé sur leur enseignement et les conséquences de celui-ci sur les églises de la Galatie. La priorité de Paul était certainement focalisée sur le retour des Galates dans le droit chemin dont ils s'étaient égarés à cause du message de ses adversaires. Étant informé par des personnes de la situation de l'église de la Galatie sans pour autant nommer qui étaient ses informateurs. L'apôtre Paul, reste muet sur ses informateurs tout comme sur ses opposants qu'il prend soin de décrire.

Les adversaires ne sont identifiés que de manière impersonnelle: τινες «certains», (Gal 1:7) ou «qui» (Gal. 3:1; 5:7).[18] Martyn affirme que si Paul choisi d'utiliser l'expression incolore «certaines personnes» c'est dans le but d'exprimer son dédain à leur égard.[19] Il argumente sa position par l'emploi des termes tels que a- «quelques-uns qui vous troublent» (Gal.1:7; 5:10) b- «ceux qui troublent votre esprit», «Qu'ils aillent jusqu'à se castrer» (Gal.5:12) c- «ils veulent que vous soyez circoncis» (Gal. 6:13). Dunn dit que le fait que Paul s'adresse à ses opposants à la troisième personne du pluriel montre que l'apôtre voulait bien faire une distinction entre les fauteurs de trouble et l'église de Galates.[20] οι ταρασσοντες pour Betz, Paul utilise un langage politique décrivant l'œuvre destructrice des agitateurs politique qui provoque la confusion et les troubles.[21] Ce langage vise également à discréditer ses adversaires.[22] Même si l'expression désigne de façon négative les opposants de Paul, Martyn

---

18 VOUGA, 2001, p. 220.
19 MARTYN, 1997, p. 121.
20 DUNN, D.G., 1997, p. 8.
21 BETZ, 1979, p. 49.
22 BETZ, 1979, p. 44.

précise que c'est un moyen analogue à celui employé par des agitateurs politique de la période et Lenny stick dans une intention trompeuse des foules.[23] «Qu'ils aillent se faire castrer» (Gal. 5:12) Betz y voit une caricature du rituel juif de la circoncision.[24] La Bible du Semeur 2000, sur ce verset dit qu'il s'agit d'une allusion au rite de castration pratiqué en Galatie par les prêtres de la déesse Cybèle.[25] Il y avait deux regards différents sur la circoncision : pour les païens c'était une honte et pour les Romains, une forme de castration. Alliaz trouve que c'est une ironie de la part de Paul.[26] Il y a là une allusion au rituel juif de la circoncision, (Ph. 3 :2). Un autre jugement de valeur négative sur les adversaires de Paul *εκκλεισαι υμας θελουσιν* est l'exclusion dont ils menacent les Galates s'ils n'obéissent pas au rite de la circoncision (Gal. 4:17). Selon Betz, une demande aux Galates de compléter leur foi par la circoncision suivie de menaces d'exclusion dans l'église pour les récalcitrants qui n'obéiraient pas. Et peut-être les séparer de Paul et d'autres influences extérieures.[27] Leur zèle pour les Galates est un zèle isolationniste. Ces hommes disposaient manifestement soit d'une certaine autorité pour être en mesure de proférer des menaces d'exclusion, soit ils disposaient d'appui solide, d'autant plus qu'eux-mêmes avaient une pression énorme qui pesaient sur leur tête.

---

23   MARTYN, 1997, p. 111.
24   BETZ, 1979, p. 270.
25   La déesse Cybèle, est une déesse fut longtemps associée à la prostitution sacrée et aux rites de la castration. C'est la déesse de la fertilité, de la nature. https://petitesindiscretionsdelhistoire.wordpress.com/2012/02/07/la-castration-origine-partie1/; consulté le16/01/2018."
26   ALLIAZ, 1987, p. 13.
27   BETZ, 1979, p. 231.

III.2. L'identité des adversaires de Paul

Plusieurs hypothèses foisonnent sur les adversaires de l'apôtre Paul dans l'épître aux Galates.

III.2.a. L'hypothèse judéo-chrétien

«Diverses hypothèses ont été émises quant à leur identité réelle: juifs, judéo-chrétiens hétérodoxes, illuminés. Plus probablement, ce sont des judaïsants: des chrétiens d'origine juive qui veulent imposer l'observance de la loi aux chrétiens d'origine païenne. Pour ces missionnaires cette condition était indispensable pour le salut».[28]

Selon De Vouga, ces missionnaires ne sont que des judéo-chrétiens conservateurs issus de l'entourage de Jacques qui vise le rétablissement de la loi sur les communautés pagano-chrétiennes.[29] Pour Marguerat, les adversaires de Paul étaient des prédicateurs juifs chrétiens messianiques puisque les églises de la Galatie les accueillaient et ceux-ci recommandaient de suivre les rituels juifs.[30] Une autre hypothèse présente les adversaires de Paul comme des judéo-chrétiens à tendance gnostiques qui ont pour volonté de réintroduire la circoncision et le calendrier de type astrologique (Gal 4:8-11).[31] Exiger la circoncision montre «que les fauteurs de troubles

28   ALLIAZ, 1987, p. 171.
29   De VOUGA, 2001, p. 220.
30   MARGUERAT, 1999, p. 38.
31   De VOUGA, 2001, p. 221.

sont des judaïsants qui recommandent aux communautés issues du paganisme la pratique de la loi juive soi-disant fidèle à l'Évangile».[32] Pour Alliaz, [33] les opposants de Paul ont une origine juive, car ils font de la circoncision et de l'observance de la loi un moyen indispensable au salut. Demander d'observer les jours, les saisons (Gal.4:10) nous renvoie à la possibilité qu'il s'agisse des fête juives. Watson[34] et Martyn,[35] soutiennent que les agitateurs des églises de la Galatie étaient des missionnaires judéo-chrétiens.

III.2.b. Les chrétiens d'inspiration judaïque

Ces missionnaires judaïsants, à en croire l'autre hypothèse de François De Vouga, seraient des néophytes de la foi chrétienne qui, nouvellement convertis, font du zèle pour la loi.[36] Vanhoye,[37] va dans le même sens pour dire que les fauteurs de troubles étaient des chrétiens d'inspiration judaïque qui voulaient faire de la loi de Moïse, de la circoncision et des prescriptions sur les aliments et les fêtes (Gal. 2:11-14; 4:10; 5:2) une fonction sotériologique déterminante. Dunn,[38] évoque une autre position selon laquelle certains pensent que ses opposants de Paul ont été des Gentils, convertis par Paul, qui avaient été impressionnés par l'importance de la circoncision

---

32   ROUX, 1973, p. 19.
33   ALLIAZ, 1987, p. 13.
34   WATSON, 1986, p. 60.
35   MARTYN, 1997, p.18.
36   De VOUGA, 2001, p. 220.
37   VANHOYE, 1986, p. 408.
38   DUNN, 1993, p. 8.

dans la tradition juive, et notamment dans l'histoire d'Abraham (Gn 17:9-14). De ce fait, il pourrait s'appuyer sur (Gal 6:13).

A voir tous les éléments de judaïté qui gravitent autour de l'identité des opposants de Paul, elle demeure l'hypothèse la plus probable et la mieux structurée. Elle met en évidence la doctrine de ces missionnaires itinérants qui est en lien étroit avec les rites juifs. La parenté entre leurs enseignements et les rites juifs démontrent qu'il s'agit bien là de missionnaires judéo-chrétiens. Ces prédicateurs ne pouvaient être que des juifs chrétiens messianiques comme on le voit bien de par leur position, qui exprimerait leur ferme attachement à la loi donnée à Moïse et au rite de la circoncision comme marque d'appartenance à l'alliance de Dieu conclu avec Abraham, père et modèle de la foi. Ils considéraient que Christ était bien le messie qui confirmait l'accomplissement des promesses faites à Abraham. Les rites habituels de l'ancienne alliance doivent continuer pour les judéo-chrétiens comme pour les pagano-chrétiens. La bonne nouvelle pour eux ne devrait pas se limiter à la foi comme moyen de salut, ne devrait pas nous faire oublier la loi, et encore moins écarter Moïse qui reste central de leur point de vue. Selon eux, si c'est à cela que tient la prédication de Paul pour les Galates, cela reste insuffisant. C'est comme si ils disaient aux Galates: «Sachez-le, frères Galates, la foi ne doit pas exclure la loi et Jésus ne doit pas effacer Moïse». Comme le dit Daniel Marguerat, ces prédicateurs : «défendent l'idée que la foi chrétienne ne doit pas se couper de la longue tradition d'Israël d'où leur recommandation pressante de suivre les rituels juifs, d'adopter la circoncision».[39]

Si leur zèle pour les Galates était dénué de sincérité (Gal. 4:17), s'ils étaient de talentueux missionnaires dont le but était de garder de bonnes relations avec les puissants du judaïsme (Gal. 6:12), certainement pour éviter eux-mêmes la persécution, cela supposerait donc qu'ils n'avaient pas les mains libres. Leur zèle serait finalement noyé sous une pression extérieure. Si ces agitateurs de l'église des Galates ou encore les faux frères comme Paul les nomme (Gal. 2:4) «insistaient à travers une polémique anti-paulinienne afin d'imposer aux baptisés le joug de la loi mosaïque»[40], reste à savoir d'où venait-t-il?

59

---

39   MARGUERAT, 1999, pp. 38-39.
40   VANHOYE, 1986, p. 410.

III.3. L'origine des adversaires de Paul

Si certains auteurs ont soutenu que les adversaires de
Paul pourraient être du milieu pagano-chrétiens, aucun n'ose
néanmoins dire d'où pourrait-il être originaire. La majori-
té des commentateurs sont quasi unanimes pour dire qu'ils
sont venus de Jérusalem. Watson[41] montre que ses adversaires
pourraient être des judéo-chrétiens venus de Jérusalem, d'autant plus qu'ils critiquent l'indépendance de Paul vis-à-vis de
Jérusalem. Witherington,[42] estime que les agitateurs sont reliés
à Jérusalem et envoyés par Jacques. Martyn,[43] dit qu'à la conférence de Jérusalem, les faux frères, dits les adversaires de Paul
dans l'épitre aux Galates, faisaient partie de cette frange juive
qui voulait imposer la circoncision aux frères d'Antioche; ce
qui aurait conduit à la conférence de Jérusalem ou Paul et Bar-
nabas sortent vainqueurs. Plus tard, ces derniers acquièrent
le pouvoir dans l'église de Jérusalem, ce qui aurait fini par
influencer Jacques à soutenir leur point de vue.

Toutes ses positions visent à déterminer l'origine des
adversaires de Paul, mais les points de vue sont variés et loin
de faire l'unanimité. Il n'est pas évident de trouver une solu-
tion à cette problématique en raison de l'absence d'évidences
internes. Néanmoins il serait difficile pour nous de croire
que ce groupe soit des gens envoyés par Jacques, le maître
de l'église de Jérusalem. En effet, le point de vue de Jacques

60

41   WATSON, 1986, p. 60.
42   WITHERINGTON, 1998, p. 25.
43   MARTYN, 1997, p. 14.

est clair à la conférence de Jérusalem (Act. 15:14-21) suite à la venue à Antioche des frères de la Judée (Act. 15:1-2). Soutenir que Jacques s'est rétracté et a été influencé par les perdants de la conférence de Jérusalem au point d'envoyer des missionnaires pour des thèses que lui-même avait combattues, reste peu probable. Ils pourraient certes venir de Jérusalem ou d'Antioche (Act.15:1-2) mais ne pas forcément être des émissaires de l'église de Jérusalem, et encore moins de celle de Jacques. Cela pourrait être aussi un groupe mixte, composé des déçus de la conférence de Jérusalem et certains membres du parti pharisiens converti au christianisme qui soutenaient l'imposition de la circoncision et la loi au non juif comme moyen de salut (Act. 15:1-2,5).

Conclusion

Les adversaires de Paul dans cette épître aux Galates n'étant pas nommés explicitement mais implicitement, cela nous oblige à regarder le fond de son enseignement et les allusions à ses opposants pour retracer leur identité et origine. Malgré l'absence de messages structurés contre les perturbateurs de l'église, mais avec les éléments clairsemés çà et là, en l'occurrence les références à la loi de Moïse (Gal. 3:2; 4:21; 5:4) les éléments de la nature (Gal. 4:8-11) la circoncision (Gal., 2:3-4;5;2;6:12-13) et l'importance d'Abraham, toutes ses bribes d'informations nous permettent au moins de conclure sur l' hypothèse la plus probable, à savoir la piste judéo-chrétienne, même si d'autres positions tente de voir qu'il pourrait s'agir des chrétiens d'inspiration judaïque, des néophytes ou encore des convertis de Paul qui vouaient une grande importance à la loi et au rite de la circoncision. Ils avaient un zèle singulier, et ce zèle était aiguillonné par une puissance extérieure. Le fait de menacer d'exclusion les Galates qui n'obéiraient pas au rite de la circoncision montre qu'ils étaient bien implantés, ce qui renforce notre pensée que ses perturbateurs étaient judéo-chrétien, conservateurs, ou un groupe mixte composé des judéo-chrétien avec certains membres du parti des pharisiens comme le cas d'Antioche où ils se sont joint aux frères venus de la Judée (Act 15:1-2,4) et non des émis-

62

saires de Jacques. Il est aussi probable qu'ils venaient de Jérusalem, indépendamment de l'église de Jacques, avec un noyau
conservateur qui disposait d'une certaine autorité, ou encore
être des judéo-chrétiens issus de la Galatie qui disposaient de
relations avec Jérusalem.

Bibliographie

ALLIAZ, J., 1987. *Chrétiens en conflits Épître de Paul aux Galates*, Labor et Fidès Genève.

BETZ, H. D., 1979. *Galatians commentary on Paul's Letter to Churches in Galatia*, Fortress, Philadelphia.

De VOUGA, F., 2000, 2001. L'épître in *Daniel MARGUERAT, Introduction au Nouveau Testament, son écriture, son histoire, sa théologie*, Labor et Fidès, Genève.

DUNN, J. D.G, 1993. *The theology of Paul's letter to Galatians*, Cambridge, University Press, New-York.

LEGASSE S., 2000. *L'Épître aux Galates commentaires 9*, Lectio Divine, Cerf, Paris, pp. 63-65.

MARGUERAT, D., 1999. *Un homme aux prises avec Dieu*, éditions Moulin, Poliez-le-Grand.

MARTYN, J. L., 1997. *Galatians, A New Testament with introduction and commentary*, Anchor Bible editions Doubleday- New-York.

O'OCONNOR, J. M., 2004. Histoire de Paul de Tarse, le voyageur du Christ, Cerf, Paris.

ROUX, H., 1973. *L'Évangile de la vérité, commentaire de l'épître aux Galates*, Labor et Fidès, Genève.

VANHOYE, A., 1986. *L'Épître personne, style et conception du ministère*, Leuven, University Press.

WATSON, F., 1986. *Judaism and Gentiles. A sociological approch, Society of New Testament studies, Monograph series, 56*, Cambridge, University Press, New-York.

WITHERINGTON III, B., 1998. *Grace in Galatia, Commentary on St Paul's Leter to the Galatians*, T and T, Edinburg.
https://petitesindiscretionsdelhistoire.wordpress.com/2012/02/07/la-castration-origine-partie1/ consulté le16/01/2018

IV. Alexandre le forgeron: **2Tim.4 :14-15**

> Alexandre, le forgeron, il m'a fait beaucoup de mal. Le
> Seigneur lui rendra selon ses œuvres. Garde-toi de lui, car il
> s'est opposé fortement à nos paroles.

Que signifie le nom Alexandre? Ce prénom vient du grec
Ἀλέξανδρος (Alèxandros) composé du verbe «ἀλέξω» qui
signifie "Repousser, Défendre" et du nom «ἀνδρός» (Andros)
qui veut dire homme. Bref, le nom Alexandre veut dire celui
qui **_Repousse_** le guerrier (ennemi) pour **_défendre_** les hommes.
On peut communément définir ce nom Alexandre comme :
"Défenseur des hommes."

65

C'est ce défenseur des hommes à en croire la signification
de son nom qui fit "*beaucoup mal*" à l'apôtre Paul. L'apôtre
Paul s'exprime à son égard avec amertume : "*il m'a fait beaucoup de mal.*" Qui est donc cet Alexandre dont parle ici l'apôtre
Paul avec un plein de douleur? Il y avait certainement plusieurs
personnes qui portaient ce prénom Alexandre mais pour faire
une différenciation entre eux, l'apôtre prend soin de préciser
son métier. Cet Alexandre dont il est question ici, est un forgeron. Ce fut certainement un naufragé de la foi dont Paul fait
cas dans (1Tim. 1 :18-20):

> **18** Le commandement que je t'adresse, Timothée, mon
> enfant, selon les prophéties faites précédemment à ton sujet,
> c'est que, d'après elles, tu combattes le bon combat, 19 en
> gardant la foi et une bonne conscience. Cette conscience,

> quelques-uns l'ont perdue, et ils ont fait naufrage par rapport
> à la foi. 20 De ce nombre sont Hyménée et Alexandre, que j'ai
> livrés à Satan, afin qu'ils apprennent à ne pas blasphémer.

Ayant fait naufrage par rapport à la foi, il s'est décidé à s'opposer aux paroles de Paul. Il était l'un des convertis de l'apôtre Paul lors de son passage à Éphèse (Act. 19 :23-40). Cet Alexandre était certainement celui arrêté par la foule d'Éphésiens en colère. C'est un naufragé de la foi. Il n'y a pas de plus dangereux et plus virulent contre des chrétiens que ces naufragés de l'Évangile. Et tous ceux qui combattent la foi chrétienne deviennent plus zélés convertis et défenseur de la foi. Ici, Alexandre après avoir renoncé à la foi s'oppose à l'Évangile et blasphème.

Que fit-il exactement à l'apôtre Paul au point que ce dernier s'exprime ainsi et prend soin de mettre en garde Timothée de se méfier de lui? Certains admettent que cet Alexandre serait celui qui aurait instrumentalisé l'arrestation de l'apôtre Paul à Jérusalem vers 58 ap. J.C. Il sera trainé et transféré en divers lieux et comparaît devant le Sanhédrin (Act. 23 :1-9). L'apôtre Paul sera emprisonné pendant deux ans à Césarée (Act. 23 :21-24); Il sera à nouveau transféré à Malte (Act. 28 :1) puis à Rome (Act. 28 :16-31) où il arrive à l'an 60. Ceci aurait poussé l'apôtre dans sa deuxième épître à Timothée l'avertir de se méfier de cet Alexandre dit le forgeron. Si tel est le rôle joué par Alexandre le forgeron, il faut reconnaître qu'à cette époque, il régnait sous l'empereur Néron (de 54-68 ap. J.C) une affreuse persécution contre les chrétiens.

L'apôtre Paul s'exprime sur sa souffrance durant cette captivité (2Tim. 2 :8-10):

> **8** Souviens-toi de Jésus-Christ, issu de la postérité de David, ressuscité des morts, selon mon Evangile, 9 *pour lequel je souffre jusqu'à être lié comme un malfaiteur.* Mais la parole de Dieu n'est pas liée. 10 C'est pourquoi je supporte tout à cause des élus, afin qu'eux aussi obtiennent le salut qui est en Jésus-Christ, avec la gloire éternelle.

L'apôtre Paul évoque ses souffrances dans ses épîtres écrites en prison, (Ph. 1 :13-14; Col. 4 :9-10; Phil. 1, 10; Eph. 3 :1; 4 :1 ; 6 :20).

V. Diotrèphe: 3 Jean 1 :9-15

> J'ai écrit quelques mots à l'Église; mais Diotrèphe, qui aime à être le premier parmi eux, ne nous reçoit point. C'est pourquoi, si je vais vous voir, je rappellerai les actes qu'il commet, et en tenant contre nous des méchants propos; non content de cela, il ne reçoit pas les frères, et ceux qui voudraient le faire, il les en empêche et les chasse de l'Église.

Diotrèphe est un nom qui dérive du grec *Zeus* et de *Trepho* (nourrir, élever). Diotrèphe signifie donc: *"Nourri par Zeus"* ou *"élevé par Zeus"*, le dieu national des Grecs l'équivalent du Jupiter des Romains. Diotrèphe est un chrétien très fier et arrogant.

Dans cette 3e épître de Jean, l'auteur dresse une plainte contre Diotrèphe. Elle se situe entre deux éloges à savoir l'éloge à l'ancien Gaïus (3Jn. 1-8) et l'éloge à Démétrius (3Jn 12-15). La plainte se résume en (5) points :

- ❖ 1* Il aime être le 1er parmi eux (membres de l'Église).
- ❖ 2* Rejette l'autorité et ses émissaires
- ❖ 3* Il tient des méchants propos contre les frères (les responsables: Jean et ses compagnons).
- ❖ 4* Il ne pratique pas l'hospitalité envers les frères et il en empêche ceux qui veulent le faire.
- ❖ 5* Il faisait l'abus du pouvoir en chassant de l'Église tous ceux qui recevaient les frères (Jean et ses compagnons).

Diotrèphe n'était pas un responsable modèle. En lui, se résume les qualités d'un mauvais responsable. Diotrèphe était le contraire de l'ancien Gaïus et de Démétrius. Comment imaginez qu'un responsable d'Église se comporte de la sorte ? Son témoignage est contraire à l'Évangile. C'est vraiment triste de voir que parfois certains responsables d'Église ne s'en rendent pas compte de leurs actes. Leurs actes font ombrage à la vérité. Certains penseront que Diotrèphe fut, alors que de nos jours, en regardant de près des attitudes de certains chrétiens influents ou responsables d'Église, on contacte que nous avons encore beaucoup de Diotrèphe. Ces Diotrèphe ont un pouvoir dans leur assemblée. Leurs paroles et décisions sont incontestables et constituent l'ex-cathedra,[44] une parole venue d'une autorité infaillible. Ils veulent tout simplement qu'on leur dise Amen. Ils ne veulent pas avoir des points de vue contraires. Ce genre de personne, ne supportent en aucun cas que leurs membres écoutent une autre voix en dehors de la sienne. Un véritable pape dans l'Église. Diotrèphe est un type de pasteur autoritaire et monarchique.

Quel scandale de voir que le 1er responsable d'une assemblée chrétienne soit une personne qui fait de la médisance. C'est également une sorte d'arrogance parce qu'il est dédaigneux à l'égard des autres leaders de l'Évangile. Tenir des pro-

---

44   Le mot latin. *ex cathedra*, «désigne l'enseignement prononcé du haut de la chaire par un évêque, ou un pape)… au xvi[e]s. *ex-cathedra* est devenu l'expression technique de l'idée d'une infaillibilité donnée au pape; répandu par le Concile de Vatican qui en a fait usage pour définir le dogme de l'infaillibilité du pape (*Catholicisme* t. IV, *s.v.*).» Cf. http://www.cnrtl.fr/definition/ex%20cathedra
Consulté, le 09/03/2018.

pos méchants ouvertement contre les autres leaders, est un aveu de faiblesse. Ce sont des personnes qui ont peur de perdre leur influence ou leur autorité sur l'assemblée. En refusant de recevoir Jean et ses émissaires, et aussi interdisant les autres chrétiens de les recevoir montre que ces actes d'inhospitalité avaient un but bien précis. Il voulait empêcher l'assemblée de tout contact avec Jean et ses émissaires afin de l'éviter d'entendre des voix discordantes sur ses enseignements. Et surtout dire des propos méchants sur Jean et ses frères de mission, est une manière de les discréditer ou de les dénigrer. Ainsi, ils ne seraient plus être crédibles.

L'objectif de Diotrèphe ne vise qu'assouvir ses intérêts égoïstes. Il savait très bien que l'Évangile ou la foi chrétienne exige du croyant l'hospitalité (Héb. 13 :1-3; Rom. 12 :13; 1Tim. 3 :2; 1Pie. 4 :9). Cependant, il était obsédé par son moi et son pouvoir. Voulant être le seul maître, et certainement le seul référent. Il ne veut en aucun cas que son autorité soit sapée. Pour cela, il a écarté l'Église de tout contact avec Jean et ses émissaires. Il use de son *autorité pour chasser* de l'Église tous ceux qui veulent leur offrir l'hospitalité. Oh ! Diotrèphe ! *"il est absurde de prier le matin et de se conduire le reste de la journée comme un barbare."*[45]

Certains pasteurs pour masquer l'esprit de Diotrèphe en eux, font tout pour donner hospitalité et sont parfois débonnaires mais restent de véritables papes. Leurs paroles ne doivent pas être contestées. Leur congrégation ne doit écou-

70

45   Carrel, A., 1944, *La Pierre*.

ter personne d'autre même si ces derniers sont membres de la même assemblée ou congrégation.

Diotrèphe a foulé aux pieds le sacrifice de Jésus sur la croix par lequel il a acquis cette Église.

Quel traumatisme pour une Église d'avoir un tel Diotrèphe comme pasteur? Et combien de Diotrèphe sont à la tête de certaines Églises chrétiennes. Combien des responsables dans des communautés chrétiennes ou profanes ont l'esprit de Diotrèphe?

Il y a également des Diotrèphe qui manifestent une certaine ouverture d'esprit en laissant travailler des personnes qualifiées mais sous leur contrôle. C'est une ouverture contrôlée. Ces personnes ne peuvent rien faire sans leur permission. Ce type de Diotrèphe veut uniquement se servir des personnes qualifiées à leur gloire. Les frères et sœurs travaillant avec ce pasteur Diotrèphe ne sont pas libres. Il est à la fois sympathique, mais reste très possessif. Pour faire taire toutes personnes, vous entendrez souvent ces phrases suivantes: *"je suis l'homme de Dieu," "je suis le pasteur et choisi par Dieu..."* Une menace à peine voilée. Une manière de dire "faites attention! Vous me devez une obéissance absolue sans murmurer ni me critiquer. Sinon, toute opposition à ce que je dis comme homme de Dieu, serait une rébellion à Dieu." Au lieu du comportement du bon berger (Ps. 23; Éz. 34 :11-16 ; Jn. 10 :10-16), de celui-là qui est censé: (garder, diriger, assembler, protéger, nourrir le troupeau) et rechercher les brebis perdues, fortifier celles qui sont blessées et soigner celles qui sont malades (Éz. 34 :16; Luc 15:3-7) bref le rôle de surveillant. On assiste à un glissement du rôle du berger vers l'attitude un chef spirituel ou d'un guru. Le pasteur dans ce cas devient le maître religieux. Parfois, vous verrez que le pasteur se comportera soit comme un monarque ou un théocrate. Dans les deux cas de figure, le pasteur concentre tous les pouvoirs. Toutes les personnes ayant des compétences et des qualifications qui sont des associé(e)s du pasteur, ne sont que pour la forme pour donner l'image d'une Église ou d'une Congrégation normale avec un organigramme parfait. Dans les faits, le pasteur Diotrèphe reste le seul référent et sa parole devient la parole absolue voire l'ex-cathedra.

❖

Un frère du nom Jérémie avec son Doctorat en Ancien Testament travaillait avec le Rév. pasteur Kassam dans une Église aux périphéries de la ville de Montréal. C'est un Révérend super sympathique et très gentil à l'égard de ses membres et associés. Lors d'une conférence organisée par le pasteur, les membres et pasteurs des autres Églises sœurs furent invités. Le thème de cette journée était: *"Levons-nous et bâtissons!"* (Néh. 2 : 18). Après la conférence, les invités furent impressionnés et bénis de la qualité de l'enseignement dispensé par le frère Jérémie. Certains d'entre eux sont allés voir le pasteur Kassam lui demander s'ils pouvaient inviter le frère Jérémie à leur dispenser des cours

et les former dans leur Église. Le Rév. pasteur Kassam organisa-
teur de la conférence d'une part s'est joué d'eux. D'autre part,
il a tenu secret cette demande des invités au frère Jérémie. Sauf
comme disait Jésus (Matt. 10 :26-27):

> **26.**... car il n'y a rien de caché qui ne doive être découvert,
> ni de secret qui ne doive être connu. 27 Ce que je vous dis
> dans les ténèbres, dites-le en plein jour; et ce qui vous est dit à
> l'oreille, prêchez-le sur les toits.

Lors d'une tournée, le Rév. pasteur Kassam revient sur
les échos et la joie qui animèrent les invités de la conférence
organisée cinq (5) mois plutôt. D'une joie débordante, il fit
savoir au frère Jérémie ceci: trois (3) de mes collègues pasteurs
d'Église venus à la conférence avaient émis le vœu que je te   73
demande de concevoir un programme de formations dans
leur Église. Mais moi, (Rév. Kassam) si je te laisse partir, je ne
suis pas sûr que tu reviennes travailler avec moi. Ils feront tout
pour vouloir te garder. Les invités étaient surpris que je dis-
pose d'un expert de cette qualité dans mon Église.

Le Rév. pasteur Kassam a peur de perdre le Dr. Jérémie. Sa
gentillesse et bonté manifestées à l'égard de son associé Jérémie
dans ce ministère d'Église n'avait qu'un seul but d'assouvir le
prestige et la gloire du pasteur Kassam. C'est une façon astu-
cieuse de le posséder. Le Dr. Jérémie est homme d'une grande
humilité. Il fait remarquer que le Rév. pasteur Kassam emploie
souvent : *"moi, je suis"*...il fait toujours référence à sa légitimité
d'homme élu et choisi par Jésus-Christ pour être pasteur. Il sus-
pecte toutes les compétences de vouloir usurper sa place.

Mais, moi Jérémie, je travaille pour servir mon Seigneur Jésus et non le pasteur. Quand on a la légitimité de Dieu, on ne doit pas avoir peur des autres frères et sœurs qualifiés par Dieu. Ils ou elles devraient être plutôt des compagnons dans le ministère de Dieu.

Malheureusement, certains pasteurs et responsables des congrégations chrétiennes se comportent ainsi en transformant la mission de notre Seigneur Jésus en une entreprise personnelle. Ils verrouillent tout pour mieux contrôler. J'entends plusieurs frères et sœurs dirent ceci:

> "Cela ne sert plus à rien allant adorer dans une communauté chrétienne de se présenter en donnant ses qualifications. Beaucoup de pasteurs et des membres influents ont vraiment peur de nous des nouveaux qui arrivent avec des qualifications et compétences. Or, nous sommes-là pour être si possible une valeur ajoutée et non faire un coup d'État pastoral."

Quand, j'ai entendu l'expression "coup d'état pastoral", cela m'a fait beaucoup rire. Je vois comment l'œuvre de notre Seigneur Jésus soit devenue un champ de bataille. D'un côté, il y a des ayant droit avec leur légitimité défendant leurs acquis et positions et d'un autre côté des autres sœurs et frères en Christ soient considérés comme des maquisards ou des rebelles. Cependant, nous ne devons pas être focalisés sur ces écarts de conduite et comportement. Nous suivons Jésus et non les chrétiens. Jésus dit: suis-moi (Jn. 21 :19). Ce qui compte c'est notre relation avec notre Seigneur Jésus. Suivre Jésus en tant que disciple, et avoir les regards fixés sur Lui (Héb. 12 :2).

CONCLUSION GÉNÉRALE

Tous ces personnages, (Jambrès, Jannès, Tobija, Sanballat, Guéschem, Alexandre le forgeron et Diotrèphe objet de notre étude ont existé et la Bible a pris soin de faire cas de leurs actes et comportements néfastes. Ils se sont montrés soit comme ennemis ou adversaires. À la lumière de leur vie, à leur époque avec leurs agissements. En examinant de près notre époque, et notre environnement, nous pouvons conclure qu'ils ne sont pas d'une époque reculée. Ils sont encore là parmi nous et avec nous. Attention, nous pouvons aussi être l'un d'eux.

Si Jambrès et Jannès, se sont opposés à Moïse et Aaron les messagers et libérateurs des Hébreux de l'esclavage, de nos jours combien de Jambrès et des Jannès sont dans nos communautés chrétiennes qui s'opposent à la manifestation de la vérité? Et, combien s'opposent aux aides à apporter aux autres pour les libérer de leur esclavage socio-économique?

Des Tobija et des Sanballat quant à eux ont été des ennemis jurés des juifs lors de la restauration des murailles de Jérusalem. Une cause qui n'était pas la leur. Ils ont œuvré et mené des actions acharnées pour saboter le projet de Néhémie de construire les murailles et de réparer des portes consumées par le feu. Néhémie et ses frères de Jérusalem pour leur sécurité, et pour ne plus rester dans une situation humiliante ont décidé de rebâtir les murailles. Cependant, Tobija et Sanballat animés d'une haine sans merci, cherchèrent par tous les moyens à faire échouer ce projet. Vous décidez pour votre bien-être, réussite ou bonheur de réaliser un projet. Non, seulement la réalisation de projet ne sera pas un fleuve tranquille. Il y aura des grandes difficultés à surmonter. Une rude bataille à mener. Mais en dépit de tout cela, il va falloir faire face à des Tobija et à des Sanballat qui par pure haine ou jalousie feront tout pour vous faire échouer. Ils feront tout pour vous dissuader. Cependant, plus vous bâtissez et que votre projet avance, plus ces Tobija et Sanballat se mettront en colère et déploieront comme armes: le mépris, des fausses accusations, l'intimidation, la ruse, voire le traquenard. Ces Tobija et ces Sanballat sont toujours d'actualité. Ils sont dans nos Églises et parfois nous les côtoyons. La question est de savoir si nous ne sommes pas le Tobija ou Sanballat de quelqu'un (e)?

Le cas d'Alexandre le forgeron l'apôtre en parle avec douleur et cœur saignant (2Tim. 4 :14). Nous les chrétiens, se disant enfants de Lumière, nous pouvons nous dédouaner en disant : Alexandre le forgeron était un non croyant, un païen animé par l'esprit du diable ou encore un naufragé par rapport à la foi chrétienne. Et pourtant, on voit bien des personnes dans l'Église avoir l'esprit d'Alexandre le forgeron et parfois sans état d'âme. Ils font beaucoup de mal aux autres. Combien de femmes et d'hommes ont le cœur blessé parce qu'une sœur ou un frère s'est comporté à leur égard comme Alexandre le forgeron? Quand on instrumentalise des personnes, quand on tire des ficelles dans l'ombre pour créer des ennuis aux frères et sœurs en Christ, il y a de quoi voir en nous l'esprit d'Alexandre le forgeron. On délègue des responsabilités de nuisance aux hommes de mains pour agir. On dirait qu'on est en politique où tous les coups tordus sont permis. Alexandre le forgeron a instrumentalisé l'arrestation et la persécution de l'apôtre à Rome.

Nous devons mener notre vie de manière à ce que les autres ne s'expriment pas contre nous comme l'apôtre Paul à l'égard d'Alexandre le forgeron.

Que pouvons-nous retenir de Diotrèphe (3Jn. 9-15? Il avait tellement peur de perdre son pouvoir au point de fouler au pied toute la vérité de l'Évangile concernant l'amour et l'Évangile. Combien de Diotrèphe encore avons-nous aujourd'hui dans nos Églises et à la tête de certaines institutions chrétiennes (Congrégations, Instituts, Écoles de théologie etc.)? Ils/elles ont une crainte de perdre leur poste, leur influence et leur autorité. Cette peur, les conduit à être médisants à l'égard des autres frères et sœurs intègres et parfois super qualifiés. Ils /elles deviennent des obsédé (e)s. Ces frères et sœurs constituent une menace pour eux. Ce sont des femmes et des hommes qualifiés par notre Seigneur Jésus pour sa mission. Hélas, ces personnes sont prises comme adversaires par des Diotrèphe. C'est vraiment triste dans le monde pastoral, et de formation théologique etc... Les compétences sont stoppées nettes par des Diotrèphe. La mission de Christ se voit privée des compétences et de personnes qualifiées comme des: (Michée, Amos, Esdras, Néhémie, Moïse, Jérémie, Josué, Déborah, Marie de Madeleine, Jean, Luc, Timothée, etc...). Tous les moyens sont bons pour discréditer toutes les bonnes volontés et compétences. Toutes les personnes qui ont un intérêt de faire des choses de qualités pour l'œuvre du Seigneur Jésus se voient blâmer à tort, et surtout on médit et on tient à leur égard des propos diffamatoires. C'est vraiment pathétique.

Être un Diotrèphe, c'est:

* Manquer de confiance en soi.

* C'est manquer la confiance en Jésus.

* C'est prendre l'œuvre du Seigneur Jésus comme étant une entreprise personnelle.

* C'est priver la mission de Dieu des compétences complémentaires qui peuvent être une bénédiction pour l'Église du Seigneur Jésus.

**Attention aux futurs* Diotrèphe qui sont sur les bancs d'Église ou parfois comme de simples membres. Attention également à tous ceux qui sont entrain de jouer avec l'œuvre du Seigneur Jésus se comportant comme de véritables Diotrèphe. Quand viendra le moment, le Seigneur Jésus agira pour vous montrer qu'il a acquis l'Église par son sang. C'est sa mission et non la vôtre. Vous êtes des ouvriers et non les propriétaires.

Le monde n'est pas épargné et surtout notre Afrique. Elle est très malade parce que nous avons trop de Diotrèphe. Beaucoup des personnes qualifiées du continent africain sont hors. Tous ceux qui désirent rentrer pour participer au développement sont stoppés par des Diotrèphe.

On entend souvent dire que les Hommes politiques sont des démagogues mais on dit souvent aussi que les chrétiens sont des hypocrites. En clair, ce sont les mêmes reproches et accusations qu'on fait à ces deux catégories de personnes. Les Hommes politiques font de très beaux discours et des belles promesses qu'ils ne tiennent pas. Quant aux chrétiens, ils connaissent bien leur Bible, le message de Christ mais ne l'appliquent pas. La vie est en déphasage avec le message du Christ. Le témoignage chrétien par la vie parle plus fort que parfois une évangélisation. Le monde ne nous jugera à la première vue parce que nous allons à l'Église mais, le monde nous juge selon la façon dont vit avec nos semblables. La Bible est la parole de Dieu. Elle rend témoignage sur la vie des hommes et des femmes de foi mais aussi nous renseigne sur des choses néfastes qu'on fait certaines personnes.

La Bible n'est pas simplement la parole de Dieu, Elle est aussi notre miroir afin qu'on puisse voir nos qualités et défauts. Sinon, notre lecture de la Bible serait comme des spectateurs d'une pièce de théâtre. On regarde, on voit les acteurs jouer mais on n'est pas concerné. Alors que pour le message biblique, c'est comme tous ceux dont parle la Bible (avec qualités et défauts) sont des acteurs. Ils ont été des acteurs et des actrices en leur époque. En lisant la Bible, on devient spectateur ou spectatrice. Cependant, on devient acteur ou actrice en notre époque dans notre société par la pratique. Le monde et les gens nous jugeront par nos actes et notre comportements et non parce que nous allons à l'Église. Le reflet par notre vie des enseignements bibliques et du témoignage chrétien avec nos semblables fait de nous des acteurs et des actrices de la Bible en notre temps. Nos lectures bibliques doivent nous conduire à tirer des leçons d'applications pour nous aujourd'hui. Ces cas typiques de personnages des temps anciens objet de notre étude ne sont en aucun cas prisonniers de leur temps. La question est de savoir à quoi la lecture de la Bible m'inspire? Est-ce que je vais à l'Église par la culture ou par la Foi? Comment la foi est-elle traduite avec mes semblables ?

Méditons encore ce texte dans 1Jn. 4 :20-21: Si quelqu'un dit:

"J'aime Dieu, et qu'il haïsse son frère, c'est un menteur; car celui qui n'aime pas son frère qu'il voit, comment peut-il aimer Dieu qu'il ne voit pas. Et, nous avons de lui ce commandement celui qui aime Dieu aime aussi son frère."

Et enfin, cette citation ci-dessous doit nous faire penser et réfléchir à nos actes quotidiens dans notre vie chrétienne de tous les jours

"il est absurde de prier le matin et de se conduire le reste de la journée comme un barbare."

Carrel Alexis